너무 배고파서 기도합니다

너무
배고파서
기도합니다

장일석

규장

배고프기에 주님 앞에 섭니다

사람은 누구나 배고프면 먹을 것을 찾는다.
영혼도 그렇다.
살면서 마음이 비어갈 때가 있다.
힘이 빠지고 기대는 무너지고
말로 하기 어려운 허기가 찾아온다.

그럴 때 우리는 기도하게 된다.
크게 외치지 않아도 되고 완벽한 말을 하지 않아도 된다.
그저 "하나님, 도와주세요" 하는 그 한마디가 기도다.

우리는 부족해서 기도한다.
약해서 기도한다.
채워지지 않아서 하나님께 손을 뻗는다.

이 책은 기도를 잘하는 사람이 쓴 이야기가 아니다.
마음이 자꾸 바닥나서 하나님께 다시 돌아온 이야기다.

배고프기 때문에 기도한다.
배고프기 때문에 주님 앞에 선다.
그 자리에서 하나님은 우리를 만나주신다.
그 사실 하나면 충분하다.

기도가 안 되는 날이 더 많을 것이다.
기다리다 지쳐 눈물만 흐를 때도 있을 것이다.
가끔은 하나님이 멀리 계신 것처럼 느껴질 수도 있다.

그래도 멈추지 말아야 한다.
우리가 포기하려 한 그 순간에도
하나님은 우리를 놓지 않으셨기 때문이다.
기도는 결과를 얻기 위해서만 드리는 것이 아니다.
기도는 하나님을 놓지 않겠다는 결심이다.

우리는 배고파서 기도한다.
그 배고픔이 우리를 다시 하나님께 붙든다.

하나님을 붙드는 사람은 결국 넘어지지 않는다.
밤이 길어도 그 밤을 지나게 하시는 힘이 기도에서 온다.
그러니 오늘도 조용히 이렇게 고백해 보자.

"주님, 저는 물러서지 않겠습니다."

말이 짧아도 괜찮다.
눈물로만 기도해도 괜찮다.
그 한마디가 하늘 문을 두드리는 믿음이고,
하나님이 가장 기뻐하시는 응답의 시작이다.

파주 디자인교회에서

장일석 목사

일러두기

· 이 책의 성경 구절은 개역개정을 사용하였으며 다른 버전일 때는 해당 역본을 표기했습니다.

· 일부 대화체 성경 구절에는 임의로 구두점을 사용했습니다.

· 일부 대화체 성경 구절은 축약 표시를 생략했습니다.

· 한 구절 내에서 일부만 인용한 경우는 생략된 부분에 축약 표시를 했습니다.

프롤로그

PART 1

굶주린 영혼을
살리는 기도

내 영혼을 살리는 매일의 기도

"목사님, 아침에 어떻게 기도하면 좋을까요? 어떤 기도 제목을 갖고 어떤 방식으로 기도해야 하나님께 영광이 되고 또 하루 종일 은혜와 기쁨으로 살 수 있을까요?"

많은 분이 이런 질문을 해오신다. 나도 같은 문제로 오랫동안 씨름했다. '어떻게 기도하면 내 개인이 성령 충만해져서 목회에 지치지 않고 계속 기쁨으로 설교할 수 있을까? 어떻게 기도하면 교회가 살아나고 성장할까?' 이러한 이 질문을 붙들고 기도하는 동안 하나님께서 네 가지 중요한 기도의 내용을 가르쳐주셨다.

그 후로 그 기도를 해오는 동안, 하나님께서 기도한 대로 정말 놀랍게 응답하시는 것을 보며 '역시 기도의 내용이 중요하구나!' 하고 깨달았다.

나는 기도의 대가가 아니며 내 개인적 경험을 나눌 뿐이지만 이제부터 나누는 네 가지 기도 제목을 당신도 아침마다 드린다면, 하나님께서 틀림없이 당신의 마음에 기도의 소망을 주시고 기도에 대한 새로운 은혜를 부어주시리라 확신한다.

야베스의 기도

어떻게 기도하면 좋을까를 고민하던 내게 하나님께서 가장 먼저 가르쳐주신 기도는 바로 '야베스의 기도'다.

야베스가 이스라엘 하나님께 아뢰어 이르되 주께서 내게 복을 주시려거든 나의 지역을 넓히시고 주의 손으로 나를 도우사 나로 환난을 벗어나 내게 근심이 없게 하옵소서 하였더니 하나님이 그가 구하는 것을 허락하셨더라 **대상 4:10**

'야베스'라는 이름 자체가 '고통'이라는 뜻이다. 그의 어머니가 고통 가운데 야베스를 낳았기에 그렇게 이름 붙였을 것이다. 그가 자라온 환경도 고통스러웠을 가능성이 크다.

그런데 이 야베스가 등장하는 역대상 4장은 족보를 기록한 장이다. 족보는 시대를 압축해서 보여주는 문서다. '누가 누구를 낳고 또 누구를 낳았다' 하며 무심히 지나가는데 유독 야베스에 이르러 족보가 멈추고 그에 관한 서술이 길게 이어진다.

이는 하나님께서 야베스의 삶을 결코 요약해버릴 수 없는 중요한 사건으로 여기셨기 때문이다. 성경은 야베스를 "그의 형제보다 귀중한 자"(대상 4:9)라고 소개하며 그가 어떻게 존귀한 자가 되었는지를 보여주는데, 바로 그의 기도 때문이다.

야베스의 기도를 살펴보면 구조가 주기도문과도 비슷할 만큼 아주 잘 짜여있다. 그는 하나님이 원하시는 복을 구한다. 자기 마음대로의 복, 세상적인 복을 구하지 않았다. "복에 복을 더하사"(개역한글)는 하나님께서 주시고자 하는 진짜 복을 더해달라는 기도다. 단지 물리적, 경제적 영역만이 아니라 마음의 지경, 신앙의 지경이 넓어지길 구한 것이다.

또한 주의 능력의 손으로 붙들어달라고 기도한다. '하나님의 오른손'은 성경에서 능력과 보호를 상징한다. 즉, 스스로 살아가지 않고 하나님의 능력에 붙들린 삶이 되게 해달라는 간구다.

그는 환난을 벗어나 근심 없는 삶을 하나님께 구한다. 고통의 이름을 가졌던 야베스는 고통 대신 하나님이 주시는 평안 속에 살기를 원했다. 이 기도가 내 마음에 크게 와닿아서 언젠가부터 야베스의 기도를 내 기도로 삼아 새벽마다 기도했다.

"하나님, 오늘도 하늘의 문을 여시사 하나님이 원하시는 은혜와 복을 저와 우리 교회 위에 물 붓듯이 부어주옵소서. 우리 교회와 모든 믿음의 가정과 일터와 사업장 위에 하나님이 원하시는 복을 내려주옵소서. 삶의 지경을 넓혀주시고 주님의 능력의 오른손으로 붙잡아주사 환난을 벗어나 근심 없는 삶을 살게 하옵소서.”

기도는 심는 것이다. 처음에는 별다른 체감이 없을지라도 심고 또 심으면 하나님께서 반드시 열매를 맺게 하신다. 나도 어느 날 돌아보니 '항상'은 아니지만 조금씩 교인 수가 늘어나 있었으며, 성도님들의 마음이 깊어지고 신앙이 자라나는 것을 보게 되었다.

그때 '아, 하나님이 삶의 지경을 넓혀주신다는 것은 단지 양적인 것만이 아니구나. 영적으로 깊어지는 것이야말로 하나님이 원하시는 진짜 지경의 확장이구나!' 하고 깨달았다. 그래서 누군가 내게 “목사님, 교회는 요즘 어때요?” 하고 물으면, 나는 “조금씩 나아지고 있습니다!”라고 대답했다(지금 생각하면 “왕창 나아지고 있습니다!”라고 말할 걸 그랬다).

분명한 것은, 기도한 대로 하나님이 교회를 조금씩, 그러나 확실히 넓혀주셨다는 사실이다. 그래서 야베스의 기도를 적극적으로 추천하고 싶다. 야베스가 기도한 것처럼 우리도 하나님께 이렇게 구하면 된다.

“하나님이 원하시는 복에 복을 더하여 주옵소서. 삶의 지경을 넓혀주시옵소서. 주님의 능력의 오른손으로 저를 붙잡아 주옵소서. 환난을 벗어나 근심이 없는 삶을 살게 하옵소서.”

이 기도는 개인을 위해서도 할 수 있고 가정을 두고서도 할 수 있으며, 주님은 이 기도를 참 기뻐하시고 반드시 응답해주신다. 하나님은 기도하는 자의 인생과 가정을 존귀하게 만드시는 분이기에 야베스는 고통의 이름을 가지고도 존귀한 자가 되었다. 그러니 이 기도를 꼭 해보라. 틀림없이 하나님이 들으시고 당신의 삶에 동일한 은혜를 주실 것이다.

주기도

주기도를 설교하다가 이 기도는 예수님이 직접 가르쳐주신 너무나 놀라운 기도라는 깨달음을 얻고, 그때부터 자연스럽게 주기도 또한 매일의 기도로 삼게 되었다. 주기도는 너무나도 잘 알고 너무 익숙하다 보니 그 깊이를 놓치고 지나갈 때가 많다. 그래서 나는 주기도를 묵상하면서 크게 네 가지로 나누어 기도했다.

하나님의 나라를 구하라

나라가 임하시오며 뜻이 하늘에서 이루어진 것같이 땅에서도 이루어지이다

마 6:10

주기도는 하나님의 나라를 구하는 것으로 시작된다. 그래서 나도 기도할 때 이렇게 시작했다.

"하나님, 교회의 모든 성도님이 먼저 하나님의 나라와 그 의를 구하게 하옵소서. 믿음의 가정에 하나님의 나라가 임하게 하시고 우리의 마음에도 하나님의 나라가 임하게 하옵소서."

하나님의 나라는 교리로만 남지 않고, 어떤 날은 한 가정의 현장 한복판에서 사건처럼 임한다. 그 일을 아주 또렷하게 본 적이 있다.

파주에서 사역할 때 아내가 가장 마음 아파한 것은 젊은 아프리카인 엄마들의 현실이었다. 이들은 대부분 20대 후반에서 30대 초반으로, 한국에 온 이유도 살아가는 배경도 제각각이었지만 의지할 사람이 없다는 공통점이 있었다. 그래서 관계 속에서 상처를 반복해서 겪고, 그 상처를 이기지 못해 또 다른 관계로 뛰어드는 일이 계속되고 있었다.

어떤 엄마들은 아이를 통해 남편을 붙잡아 보려고 했다. 어떤 엄마들은 생업을 가질 수 없기에 아이를 매개로 양육비를 받아 생계를 이어갔다. 그래서 싱글맘은 늘고 아빠 없는 아이들도 많아지고 있었다. 아내가 이 현실을 가까이서 지켜보며 마음이 너무 무겁던 어느 날, 두 아이의 엄마 하나가 모임에서 "내년에 또 한 명을 낳을 거야"라고 웃으며 말하는 장면을 보게 되었다.

이미 두 아이의 아빠가 다르고, 지금 함께 있는 남자도 남편이 아니라 "그 아이의 아빠"라고 부르는 그 문화 속에서, 아이가 얼마나 귀한 존재인지조차 잊히고 있는 것을 보며 아내는 깊이 기도할 수밖에 없었다.

"주님, 이 친구들이 광야 같은 이 시간 속에서 반드시 주님을 만나게 해주세요. 의지할 사람이 없어서 남자를 붙잡지만, 그 남자도 결국 떠나갑니다. 주님, 이 음란한 구조 속에서 그들을 정결하게 하시고, 아버지가 되어주시고, 인도자가 되어주시고, 하나님이 기뻐하시는 가정이 무엇인지 알게 해주세요."

이 기도 제목을 들은 온누리교회 가정사역부의 두 집사님이 마음이 뜨거워져서 "우리가 돕고 싶습니다. 가정 세미나도 열고, 결혼에 대한 성경적 의미도 알려주고, 필요하다면 결혼식도 도와주고 싶습니다"라며 연락을 주셨다.

하지만 문제는 예산이었다. 이미 연말 결산이 끝난 시점이었기 때문이다. 그럼에도 아내는 포기하지 않았다.

"주님, 이 세미나가 꼭 필요합니다. 길을 열어주십시오."

계속 기도하던 어느 날, 코로나 이전에 조이하우스(아프리카 노동자 가정의 한국에서 출생한 자녀들을 돌보는 데이케어센터. 설립 계기는 11장에 소개했다)를 한 번 방문했던 목사님이 연락하셨다. 자신이 속한 단체에 사용하지 않고 남아 있던 회비 100만 원을 어디에 쓸지 기도할 때 조이하우스가 떠올랐다며 전액을 보내주겠다는 것이다. 그 순간 아내는 '하나님이 기뻐하시는 일이구나' 하고 깨달았다.

그런데 그 일을 시작으로 이곳저곳에서 후원이 흘러오기 시작했다. 아내는 이사야서 45장 3절의 말씀을 떠올렸다.

네게 흑암 중의 보화와 은밀한 곳에 숨은 재물을 주어 네 이름을 부르는 자가 나 여호와 이스라엘의 하나님인 줄을 네가 알게 하리라

정말로 하나님이 흑암 중에 숨겨진 재물을 하나씩 꺼내어 길을 열어주시는 것 같았다.

그렇게 가정 세미나가 시작되었다. 세미나는 성교육부터 시작해, 하나님이 기뻐하시는 가정의 비밀, 결혼의 의미, 남편과 아내의 역할까지 실질적이고 중요한 내용으로 채워졌다.

그리고 마지막 순서인 결혼식이 진행되었다. 정식 결혼식을 하지 못하고 아이만 있는 커플들이 신청했다. 모두가 기쁨으로 준비했고, 여러 권사님과 집사님들의 정성 어린 섬김으로 풍성한 음식과 예배 가운데 하늘나라 잔치 같은 복된 시간이 열렸다.

가장 감동적인 순간은 현재 기혼이지만 남편 없이 혼자 아이를 키우는 여성들을 앞으로 세웠을 때였다. 그들의 머리에 예쁜 화관을 씌워주고 축복하며 기도할 때, 아내는 주님의 음성이 마음 깊이 들려 눈물을 멈출 수 없었다고 했다.

"존귀한 내 딸아, 내가 너를 사랑한다. 너는 나의 신부다. 있는 모습 그대로 사랑한다. 내가 너를 부르는 그날까지 거룩하고 정결한 신부로 살아가길 바란다."

그 음성 앞에서, 그들의 마음 깊은 곳에서 묶여 있던 수치와 외로움이 조금씩 풀려가는 것 같았다.

하나님은 여전히 보리떡 다섯 개, 물고기 두 마리 같은 작은 헌신을 통해 일하신다. 우리의 마음을 사용하시고, 작은 정성을 들어 많은 사람을 배부르게 하시는 하나님은 오늘도 그분의 사역에 필요한 재정을 사랑하는 자들의 창고에 모아두셨다가 흘려보내신다. 영적으로 굶주린 엄마들에게 천국 잔치를 열어주신 그날처럼, 지금도 흑암 중의 보화를 준비해두고 계신다.

"주님, 감사합니다. 하나님이 하신 일입니다."

마지막에 아내가 드린 고백이다. 하나님의 나라는 말로만 임하지 않는다. 사람을 통해 임하고, 순종하는 발걸음과 기도로 임한다. 그래서 하나님나라는 현장에서 사건이 되기에 나는 심방 전에 이렇게 기도한다.

"하나님, 오늘 이 가정 위에 하나님나라가 임하게 하옵소서."

이 기도를 드리고 심방하면 그 가정에서 전하는 예배가 얼마나 큰 은혜가 되는지 모른다. 준비한 말씀도 술술 잘 전해지고 그 가정에 하나님의 평강이 가득해진다. 반면, 기도하지 못한 채로 급히 심방을 가면 이상하게 거북하고 말씀이 잘 풀리지 않았다. 그때 깨달았다. 하나님의 나라가 임하도록 기도하는 것만큼 중요한 것이 없다는 사실을.

그래서 심방을 받는 가정에도 "심방을 받을 때는 방 청소보다 더 중요한 것이 있습니다. 바로 기도로 준비하는 겁니다. 목회자가 예배드릴 때 하나님의 말씀을 듣게 해달라고 기도하며 준비하세요"라고 권면한다. 기도로 준비된 가정은 정말로 예배 때 기쁨이 넘치고 말씀도 신기하게 술술 풀려나온다. 이것이 바로 하나님의 나라가 임하는 은혜라고 생각한다.

일용할 양식을 구하라

오늘 우리에게 일용할 양식을 주시옵고 마 6:11

나는 처음에 "하나님, 오늘도 일용할 양식을 주시옵소서"라고 기도하다가 시간이 흐르면서 점점 담대해져 "하나님, 오늘도 일용할 양식을 주실 줄 믿습니다!"라고 확신하며 기도하게 되었다. 어느 날부터는 "하나님, 오늘도 저에게 일용할 양식과 영의 양식을 주실 줄로 믿습니다!"라는 기도를 덧붙였다. 이 기도를 통해 매일 필요한 영과 육의 양식을 하나님께서 공급하신다는 믿음을 가지게 되었다.

죄 사함을 구하라

우리가 우리에게 죄지은 자를 사하여 준 것같이 우리 죄를 사하여 주시옵고 마 6:12

하나님은 나를 이 말씀으로 제일 많이 다루셨다. 나는 매일 새벽마다 "하나님, 모든 사람을 용서하오니 저희의 죄도 용서해주옵소서"라고 기도했다. 그런데 입술로는 그렇게 고백하면서도 마음속에 걸리는 사람이 있을 때가 있었다.

그럴 때면 주님이 "너는 모든 사람을 용서한다면서 정말 용서했니?"라고 물으시는 것 같았다. 그러면 나는 부끄러워서 "아휴, 주님, 용서합니다…" 하며 억지로라도 입술로 고백했다. 그런데 신기하게도 그렇게 기도하면 마음이 풀어지고 진짜 용서가 되었다.

가정에서 아내와 의견 다툼이 있거나 성도님들과 관계에서 어려움이 있을 때도 마찬가지였다. 억지로라도 용서의 기도를 하다 보면 어느 순간 진짜 마음이 풀리고 그 사람을 위해 축복하게 되는 은혜를 주셨다. 주기도는 나를 용서하는 사람으로, 또한 용서받는 사람으로 만들어주었다.

시험에 들지 않기를 구하라

우리를 시험에 들게 하지 마시옵고 다만 악에서 구하시옵소서 … **마 6:13**

나는 매일 "하나님, 우리 교회의 모든 성도님이 오늘도 시험에 들지 않게 하시고 악에서 건짐을 받게 하옵소서"라고 기도했다.

시험은 늘 있다. 그런데 매일 이 기도를 반복하다 보니 어느 날 문득 '시험이 열 개 들 것도 기도하니 한두 개로 줄어드는구나. 하나님이 막아주시는구나' 하는 깨달음이 왔다. 기도는 시험을 막아주는 능력이었다.

어느 날, 딸이 기숙사 계단에서 굴러서 다치는 큰 사고가 있었다. 눈이 퉁퉁 붓고 얼굴은 찢어져 여섯 바늘을 꿰매야 했다. 전화로 그 사고 소식을 전해 들었을 때 너무 놀라고 당황해 머릿속이 하얘졌다.

'하나님, 매일 기도하고 있는데 왜 이런 일이 일어납니까? 주님, 저는 주기도로 매일 시험에 들지 않게 하시고 악에서 건지시기를 기도하지 않았습니까? 왜 이런 시련이 닥칩니까?' 할 때, 참 감사하게도 내 마음 깊은 곳에서 하나님의 감동이 밀려왔다.

"기도했으니 이 정도로 지켜주신 것이다. 목이 부러지지 않았고 머리에 큰 충격도 없었다. 눈은 부었으나 시력에는 문제가 없고 상처는 금세 아물 것이다. 이 모든 것이 다 하나님의 은혜다."

나도 새벽마다 주기도로 시험에 들지 않게 해달라고 기도하고 있었지만, 알고 보니 그때 아내도 금식하며 기도하고 있었다. 우리가 기도하고 있으니 하나님께서 더 큰 사고를 막아주셨다는 사실을 깨닫자 서운했던 마음이 다 녹아내렸다.

"하나님, 기도했더니 이렇게 지켜주셨군요. 더 큰 화로 가지 않고 이 정도로 넘어가게 하신 것이 정말 은혜입니다."

더 놀라운 것은 그 이후였다. 학교에서 많은 선배와 친구들이 다친 딸을 찾아와 위로해주었다. 선물과 격려 메시지가 쏟아졌고 딸은 그 사건을 통해 학교 공동체 안에서 깊은 사랑과 위로를 경험했다. 신학대학교라는 좋은 학교에서 신앙의 사람들과 함께 지내며 하나님의 위로를 더욱 크게 맛본 것이다.

사고가 난 순간만 보면 '왜 이런 일이 내게 일어났나?' 하고 시험에 들기 쉽다. 그러나 하나님은 우리의 기도를 들으시고, 때로는 막으시고, 때로는 허락하시되 반드시 선으로 바꾸어주신다. 그래서 오늘도 나는 주기도로 기도한다. 그리고 확신한다. 기도했기 때문에 열 가지 닥칠 시험이 한두 가지로 줄어들고, 설령 시험이 닥쳐도 하나님이 이 정도로 막아주신 것임을.

하나님은 결코 기도를 헛되이 듣지 않으신다. 그 일을 통해 내 믿음이 더 깊어지고 하나님의 선하심을 더욱 분명히 보게 되었으니 그것이야말로 기도가 낳은 열매다.

매일 기도하는 사람에게 주시는 하나님의 손길은 참으로 크다. 나는 야베스의 기도와 주기도를 10년 이상 매일 해왔다. 정말 피곤할 때는 겨우 한두 마디 내뱉듯 기도할 때도 있었다. 그런데도 하나님은 나를 불쌍히 여겨주셔서 그 짧은 기도도 들으셨다.

그러니 낙심하지 말라. 기도한 만큼 하나님은 반드시 역사하신다. 당장 눈에 보이지 않아도 시험이 줄어들고 환난에서 건짐을 받는 모든 것이 다 기도의 열매다. 매일 주기도문을 들고 하나님 앞에 나아가보라. 반드시 하나님의 나라가 당신에게 임하고 당신의 가정과 교회 위에 임하게 될 것이다.

보혈기도

근래 3-4년째 드리고 있는 또 하나의 기도는 '보혈기도'다.

"예수님의 보혈로 제 머리를 씻습니다. 예수님의 보혈로 제 입술을 씻습니다. 예수님의 보혈로 제 눈을 씻습니다. 예수님의 보혈로 제 귀를 씻습니다. 예수님의 보혈로 제 코를 씻습니다. 예수님의 보혈로 제 손과 발을 씻습니다. 예수님의 보혈로 제 심장을 씻습니다. 예수님의 보혈로 제 다리를 씻습니다. 예수님의 보혈로 제 모든 것을 씻습니다."

나는 이렇게 기도한다. 이렇게까지 기도하는 것은 예수님의 보혈에 능력이 있다고 믿기 때문이며, 예수님의 보혈을 마음으로 더 붙들려고 이렇듯 구체적으로 기도한다.

솔직히 고백하면, 나도 처음에는 예수님의 보혈에 능력이 있다는 것을 머리로만 알았다. 성경에서 그렇게 말씀하시니 당연히 보혈이 능력이 있다는 것은 알았으나, 내 마음에 잘 와닿지 않았다. 눈에 보이는 것도 아니지 않은가? '피'라고 하면 선짓국이나 피를 재료로 만든 음식만 떠오르고, 보혈의 능력은 크게 체감되지 않았다. 예배 시간에 "주의 보혈 능력 있도다! 주의 피 믿으오!"라고 아무리 찬양을 불러도 마음 한편은 답답했다.

나도 보혈을 소망하고 사모했다. 예수님의 이름에 능력이 있다는 것은 수없이 들어서 잘 알고 있고 그것을 믿었지만, 이상하게도 내 삶에는 그 능력이 잘 드러나지 않았다. 예수님의 이름으로 명령하며 기도도 많이 했지만 이상하게도 보혈은 더 어려웠다.

'나는 왜 예수님의 보혈이 잘 느껴지지 않을까? 왜 예수님의 보혈이 내 삶에서 이렇게 체험되지 않을까? 왜 예수님의 보혈이 나를 정결하게 하고 자유하게 하는 능력으로 역사하지 않을까?'

그 질문 앞에서 한동안 마음이 답답했다. 그러나 그 답답함조차 주님 앞에 가져가면서 깨달았다. 예수님의 보혈이 능력 없는 게 아니었다. 문제는 보혈에 있는 것이 아니라, 내 믿음과 영적 준비에 있었다. 성경은 분명히 말씀한다.

> 또 우리 형제들이 어린양의 피와 자기들이 증언하는 말씀으로써 그(마귀)를 이겼으니 … 계 12:11

어린양의 피, 즉 예수님의 보혈에 마귀를 이기는 능력이 있다는 말씀이다. 마귀를 대적하고 이기게 하는 것은 다름 아니라 예수님의 보혈이다.

… 그 아들 예수의 피가 우리를 모든 죄에서 깨끗하게 하실 것이요 **요일 1:7**

… 우리가 그의 피로 말미암아 의롭다 하심을 받았으니 더욱 그로 말미암아 진노하심에서 구원을 받을 것이니 **롬 5:9**

예수님의 보혈은 우리를 모든 죄에서 깨끗하게 하는 능력이다. 예수님의 피로 우리는 의롭다 하심을 받았다. 보혈이 우리를 의롭게 하는 능력이다. 이것은 변하지 않는 진리다. 말씀 자체가 사실 아니겠는가? 그때 깨달았다. 예수님의 보혈 자체는 내 믿음의 유무와 상관없이 본질적으로 능력이 있다. 내가 느끼지 못한다고 해서 보혈의 능력이 없는 것이 아니고, 내가 경험하지 못했다고 해서 보혈의 능력이 사라지는 것이 아니었다.

믿음이란 무엇인가? 내가 감각으로 느끼지 못하고 손으로 만지지 못하고 경험되지 않아도 그 보혈이 여전히 능력이 있음을 인정하고 붙드는 것이다. 예수님은 살아 계신 하나님의 아들이시다. 그분의 이름에는 권세가 있고 그 보혈에는 영원히 변치 않는 능력이 있다. 내가 그것을 느끼든 못 느끼든 상관없다. 보혈은 오늘도 동일하게 능력이 있다.

내 마음에 이런 질문이 생겼다.

'보혈의 능력은 분명히 있는데 왜 나는 이 능력을 덜 누리는 것일까? 믿음이 있어야 이 능력이 내 삶에 나타나는 것 아닌가?'

생각해보니 정말 그랬다. 예수 이름의 능력을 내가 믿음으로 선포하고 의지할 때 그 능력이 구체적으로 드러난다. 보혈도 마찬가지다. 보혈 자체는 언제나 능력이 있으나 그 능력은 나와 믿음의 관계 안에서 더욱 나타난다.

그래서 나는 매일 구체적으로 보혈의 기도를 드린다. 예수님의 보혈로 내 머리, 입술, 눈, 귀, 코, 손발, 심장, 심지어는 가장 부끄러운 지체까지 깨끗하게 해달라고 기도한다. 이렇게 기도하면서 나는 내 몸과 마음, 생각과 감정이 보혈로 씻기고 있음을 믿는다. 실제로 그 기도를 한 뒤에 마음이 훨씬 평안해지고 깨끗해진 것을 느낀 적이 한두 번이 아니다.

신앙의 진짜 능력은 하나님과의 관계에서 나온다. 예수님의 이름에는 능력이 있다. 예수님의 보혈에는 능력이 있다. 어느 날 하나님께 "제가 어느 정도 믿어야 보혈의 능력이 작동합니까? 제가 얼마나 강하게 믿어야 주님의 보혈이 제 삶에 역사합니까?"라고 여쭈니 하나님이 마음에 이렇게 감동을 주셨다.

"보혈의 능력은 네 힘의 세기가 아니라, 네가 나를 얼마나 의지하느냐에 달려 있다."

보혈의 능력은 내가 얼마나 세게 믿느냐에 따라 작동하는 것이 아니다. 내가 얼마나 주님을 의지하느냐, 얼마나 주님께 내 마음을 내어드리느냐에 달려 있다. 나를 의지하지 않고, 내가 할 수 있다는 자신감 대신 "나는 할 수 없으니 하나님께 맡깁니다"

하고 철저히 주님께 기대는 것이다. "내가 더 열심히 믿어보겠다!" 하고 이를 악무는 게 아니라, 오히려 "하나님, 저는 믿음조차 연약합니다. 하지만 주님을 의지합니다. 주님께 맡깁니다" 하고 주님께 내어 맡기는 것이 중요하다.

부끄럽지만, 나는 한때 예수님의 보혈을 너무 가볍게 여겼다. "예수님의 보혈로 악한 마귀는 떠나가라, 보혈로 집을 덮는다" 하면서도 속으로는 '보혈이 무슨 물건인가? 향수인가? 맨날 뿌리기만 좋아하네…' 하고 생각했다. 하나님의 은혜로 보혈의 능력을 깨닫자 나는 곧바로 무릎을 꿇었다. 보혈의 능력을 낮게 보고 성경이 말씀하신 그 가치를 소홀히 여긴 것을 회개한 뒤에야 비로소 보혈의 능력을 의지하기 시작했다.

보혈을 계속 의지하며 기도하면 어느새 내 마음에 기쁨이 조금씩 생기고 상처나 실망에서 회복되는 속도가 훨씬 빨라진다. 예수님의 보혈에는 실제 능력이 있기 때문이다. 하나님은 믿고 의지하는 그 자리에서 역사하신다. 내가 온 마음을 다해 예수님의 보혈을 의지하면 그 보혈은 내 삶에 반드시 역사한다.

주저하지 말라. 보혈을 사모하고 구하라. 당신이 느끼지 못하더라도 보혈은 능력이 있다. 그 사실을 진리의 말씀이 보증한다. 예수님의 보혈을 의지하여 기도하라. 그러면 반드시 보혈의 능력이 당신의 삶에 나타나 죄를 깨끗하게 하고, 마귀를 물리치며, 하나님의 진노에서 구원받는 은혜를 맛보게 할 것이다.

겟세마네 동산의 기도

예수님은 십자가를 앞에 두고 겟세마네 동산으로 가셨다. 제자들에게는 "시험에 들지 않게 깨어 기도하라"라고 하시고 자신은 조금 떨어진 곳에 가서 홀로 무릎 꿇고 기도하기 시작하셨다(눅 22:39-41 참조). 그 기도의 내용은 너무도 인간적이면서도 동시에 너무나 거룩했다.

이르시되 아버지여 만일 아버지의 뜻이거든 이 잔을 내게서 옮기시옵소서 그러나 내 원대로 마시옵고 아버지의 원대로 되기를 원하나이다 하시니 **눅 22:42**

예수님이 드신 이 잔은 단순한 고난 정도가 아니었다. 모든 인류의 죄를 짊어지고 하나님의 진노를 대신 받는 '십자가'였다. 죄 없으신 하나님의 아들이 죄인 대신 하나님의 철저한 심판을 받는 자리였다. 그래서 예수님은 그 압박과 두려움, 슬픔이 너무 크셔서 "내 마음이 매우 고민하여 죽게 되었다"(마 26:38)라고까지 말씀하셨다.

또한 성경은 예수님이 기도하실 때 땀이 땅에 떨어지는 핏방울처럼 되었다(눅 22:44 참조)고 기록하고 있다. 얼마나 육체와 마음이 고통스러우셨으면 그랬겠는가. 예수님은 이 기도를 한 번으로 끝내지 않으셨다.

마가복음 14장 39절에 보면 "다시 나아가 동일한 말씀으로 기도하시고"라고 기록되어 있다. 같은 간구를 세 번이나 반복하셨을 만큼 주님은 하나님의 뜻을 구하는 데에 전심을 다하셨다.

여기서 가장 놀라운 장면이 이어진다. "천사가 하늘로부터 예수께 나타나 힘을 더하더라"(눅 22:43)라고 기록된 말씀을 보라. 예수님은 기도하신 뒤 천사가 와서 힘을 주는 응답을 받으셨다.

그 이후로 예수님은 조용히, 담담히 일어나 제자들에게 가셨고 십자가를 향해 담대히 나아가셨다. 기도하기 전에는 죽을 만큼 괴로워하시던 예수님이 기도 후에는 하나님의 뜻을 온전히 받아들이시고 그 길을 묵묵히 걸어가셨다.

나는 이 말씀을 묵상할 때마다 가슴이 뭉클하다. 하나님의 아들이신 예수님조차 기도로 하나님의 뜻을 구하시며 감정과 의지를 하나님께 온전히 맡기셨고 기도의 자리를 통해 하늘의 힘을 공급받으셨다. 이것이 '겟세마네 동산의 기도'다.

살면서 내 뜻대로 하고 싶을 때가 얼마나 많은가. 나도 그렇다. 하나님께 뭔가를 드리라고 할 때 내 마음 깊은 곳에서는 '하나님, 솔직히 이건 드리고 싶지 않아요. 이것만큼은 제가 꼭 붙잡고 싶어요. 이건 제 겁니다'라는 생각이 든다.

겉으로는 믿음 좋은 척, 순종하는 척했지만 내 속마음은 달랐다. '하나님, 이건 손대지 마세요. 이건 제가 마음대로 하고 싶어요' 하는 마음이 분명히 있었다. 나는 더 이상 포장하지 않고 솔직히 있는 모습 그대로 하나님께 나아가 기도했다.

"하나님, 저는 저 자신을 믿지 못하겠습니다. 솔직히 저는 주기 싫습니다. 포기하고 싶지 않습니다. 그러나 하나님의 뜻대로, 하나님의 방법대로 저를 인도해주실 것을 믿습니다."

이 기도는 내 의지를 꺾어서 억지로 드린 기도가 아니다. 오히려 "하나님, 저는 연약하고 제 마음조차 다스릴 힘이 없습니다. 그러니 주님께 맡깁니다. 제 안에서 역사해주세요"라는 간절한 고백이었다. 그러면 정말 신기하게도, 하나님은 언제인지 모르게 조금씩 내 마음을 설득하시고 부드럽게 만지셨다.

처음에는 '절대 못 줘요. 싫어요' 하던 마음이 며칠, 몇 주를 기도하다 보면 "그래도 하나님이 원하신다면 해야죠…"라고 바뀌었다가 어느 순간에는 "주님 뜻이라면 기쁨으로 드리겠습니다"라고 바뀌어 있었다. 나는 그 과정을 통해 하나님이 정말로 내 안에 역사하신다는 것을 깊이 깨달았다.

하나님은 우리를 억지로 끌고 가시는 분이 아니다. 먼저 내 마음에 하나님의 뜻을 향한 소원을 주시고, 그것을 실제로 행할 힘과 기쁨까지 주시는 분이다. 그래서 나는 이제 내 마음을 더 이상 믿지 않는다. 대신 하나님을 믿는다.

내가 얼마나 연약하고 고집스러운지 알기에 내 마음조차 주님께 맡긴다. 그러면 하나님이 내 마음을 만지셔서 결국 그분의 뜻을 따라 살게 하신다. 그 은혜가 얼마나 크고 감사한지 모른다. 나는 어떤 기도를 드리든 마지막에는 이렇게 고백한다.

"하나님, 제 뜻대로 마시고 아버지 뜻대로 되게 하옵소서."

솔직히 이 기도는 늘 떨리는 고백이다. 내가 원하는 길과 하나님이 예비하신 길이 다를 수도 있기 때문이다. 나는 지금 당장 문제가 풀리기를 바라지만, 하나님은 더 나은 길을 준비하실 때가 있다. 하지만 이 기도를 드리고 나면 상황은 그대로인데도 불안과 두려움이 조금씩 가라앉고 '하나님이 가장 좋은 길로 인도하실 것이다!'라는 믿음이 생긴다. 나는 이것이 하나님의 응답이라 믿는다.

당신에게도 진심으로 권면한다. 어떤 기도를 드리든, 마지막에는 꼭 이렇게 기도해보라.

"제 뜻보다 하나님의 뜻이 이루어지길 원합니다. 하나님의 뜻이 언제나 더 선하기 때문입니다."

그러면 하나님께서 당신의 마음에도 은혜를 주실 것이다. 겟세마네 동산에서 기도하시던 예수님에게 천사를 보내어 힘을 더하셨듯이 당신의 마음에도 담대함과 위로를 주실 것이다.

02

내 영혼을 살리는 성령의 기도

… 우리는 마땅히 기도할 바를 알지 못하나 오직 성령이 말할 수 없는 탄식으로 우리를 위하여 친히 간구하시느니라 롬 8:26

로마서 8장을 읽던 중에 이 말씀이 눈에 확 들어오며 내 마음을 붙들었다. 기도해야 한다는 건 알지만, 막상 기도하려고 하면 어떤 말을 해야 할지 모를 때가 있다. 머릿속도, 마음도 복잡해서 정리가 안 되고 입은 열었으나 내용이 흐릿한 그런 때에도 성령님이 나를 위해 말로 다 표현할 수 없는 깊은 탄식으로 친히 기도하고 계신다.

가장 놀라운 것은 성령님이 지금도 나를 위해 기도하고 계신다는 것과 그 기도의 내용이 하나님의 뜻과 완전히 일치한다는 사실이다. 성령님의 기도는 반드시 응답된다. 그러니 내가 해야 할 일은 한 가지다. 성령님이 기도하시는 그 자리에 나도 함께 서는 것이다.

성령님이 기도하시는 그 자리에 그저 서 있기만 해도, 그 기도의 흐름에 마음을 얹기만 해도 응답의 문은 열릴 것이다. 그러므로 성령님이 나를 위해 기도하시는 그 자리에 내가 서야 한다. 그 기도를 따라 마음을 모으는 것이 내 영혼을 살리는 '성령의 기도'를 시작하는 출발점이다.

그렇다면 지금 성령님이 나를 위해 기도하고 계시는 그 내용은 무엇이며, 성령님은 어떤 제목으로 간구하고 계실까? 만약 그 내용을 내가 알 수 있다면 "아멘, 제가 믿습니다" 하고 믿음으로 응답하며 내 마음을 담을 수 있을 것이다.

성령님의 중보는 마음에서만 끝나지 않고 현장까지 내려온다. 성령님이 대신 기도하시면 사람뿐만 아니라 분위기도 바뀐다. 그래서 어떤 자리는 기도가 시작되기 전과 기도가 시작된 후가 완전히 다르다. 그중 하나가 조이하우스가 있는 공간이다.

그곳은 원래 8년 동안 버려져 있던 공장이었다. 사람들이 오래 비워둔 데는 이유가 있었는지, 그곳은 좋지 않은 일이 많았던 자리라고 했다. 실제로 들어가 보니 설명하기 어려운 물건들도 있었고, 분위기 자체가 무거워 보였다.

어느 날 한 집사님이 "목사님, 조이하우스가 드라마에 나왔어요!" 했는데 알고 보니 범죄 심리 드라마에서 살인 현장으로 촬영했던 곳이었다. 들으면 들을수록 더 으스스한 공간이었다. 그런데 우리가 그곳에 들어가 기도하며 예배드리기 시작하자, 전에는 무섭고 아무도 들어오려 하지 않던 공간이 이상하리만큼 평안한 장소로 변화되었다.

입주하지 못할 만큼 불미스러운 일들이 있었기에 예전 주인은 타 종교인을 데리고 와 극복해보려 했지만 잘 안되었다고 한다. 그래서 무서워서 들어오지도 못하던 곳인데, 우리가 기도하며 잘 지내는 모습을 보자 본인들도 들어오고 싶어서 직원 세 명을 보내 열흘 동안 흙바닥을 콘크리트로 정비해주었다.

이 공장은 코로나로 인해 어려움을 겪으면서 경매에 넘어가 지금은 새 주인에게 인수되었다. 주인은 바뀌었지만, 그곳에서 드리는 예배는 계속 이어졌다. 이처럼 버려지고 기피되던 공간은 기도와 찬양이 흐르기 시작하면서 아이들과 이방인들이 함께 예배드리는 하나님의 공간이 되었고, 그 자리에서 이어지는 예배의 은혜는 지금도 계속되고 있다.

성령님은 말로만 대신해주시는 게 아니라 실제로 현장을 바꾸시는 분이다. 현장이 바뀌는 것을 보면 기도가 진짜라는 것을 알게 된다. 그러면 자연스럽게 묻게 된다. 성령님이 지금 내 안에서 무엇을 기도하고 계시는지를.

그래서 다시 로마서 8장을 찬찬히 살펴보았다. 성령께서 우리를 위해 중보하시는 기도의 제목이 그 안에 분명히 있을 거라는 확신이 들었고, 실제로 그 말씀 안에서 답을 찾아낼 수 있었다.

성령님이 대신 기도하실 때, 내 기도는 '정리가 끝난 기도'가 아닌 '붙들린 기도'가 된다. 그래서 내가 할 일은 완벽히 말하는 것이 아니라 그 기도에 마음을 얹는 것이다.

그 내용을 네 가지로 나누어 함께 살펴보고자 한다. 성령님이 지금도 나를 위해, 우리 모두를 위해 하나님의 뜻 안에서 간절히 기도하고 계시는 그 놀라운 기도의 제목들을 알아보자.

현재의 고난은 장차 올 영광과 비교할 수 없다

성령님이 나를 위해 기도하시는 첫 번째 기도 제목은 "현재의 고난은 장차 올 영광과 비교할 수 없다"라는 것이다.

생각하건대 현재의 고난은 장차 우리에게 나타날 영광과 비교할 수 없도다

롬 8:18

이 구절을 읽을 때 나를 향한 성령님의 말씀이라는 감동을 받았다. 조용하지만 단호하게 내게 이렇게 말씀하시는 것 같았다.

"얘야, 고난에만 몰두하지 마라. 장차 올 영광을 바라보아라. 하나님이 영광스럽게 이루실 것을 보아라."

처음에는 그 말씀이 멀게 느껴졌다. 고난이 몰려와 한꺼번에 덮치니 눈을 감아도, 예배를 인도할 때도 문제들이 생각나고 이 일을 어떻게 해야 할지 마음이 놓이지 않을 때여서 '지금 고난이 너무 큰데 어떻게 미래의 영광을 생각할 수 있을까' 싶은 마음이 었다. 그런데도 성령님은 그 말씀을 내가 붙잡게 하셨다.

'네가 고난만 바라보니까 더 무겁게 느껴지는 것이다. 시선을 들어라. 내가 이루는 일을 보아라.'

그때 풍선이 생각났다. 헬륨이 없는 풍선은 아무리 위로 올려도 금세 내려온다. 그런데 손으로 툭 쳐올리면 잠깐이기는 해도 다시 떠오른다. 그 모습이 꼭 내 믿음 같았다. 떨어지고, 주저앉고, 낙심으로 내려앉는 나의 믿음.

나는 그 말씀을 붙잡고 "주님, 저는 지금 장차 올 영광을 바라봅니다. 고난만 보지 않겠습니다"라고 기도했다. 믿음이 떨어질 때마다 기도로 다시 올렸고, 어떤 날은 하루에도 여러 번 그 일을 반복했다. 그 순간은 성령님이 말할 수 없는 탄식으로 드리시는 기도에 내 마음을 실어 올려드리는 시간이었다.

물론 항상 그렇게 잘되는 것은 아니었다. 어떤 날은 풍선의 바람이 완전히 빠져서 바닥에 붙어 있는 것처럼 느껴지고 아무 힘이 나지 않았다. 그러나 그때도 성령님은 나를 포기하지 않으셨다. 다시 말씀을 넣어주시고 시선을 들어 올리게 하셨다. 성령님은 지금도 내 마음에 이렇게 말씀하신다.

"현재 고난에 집중하지 말고, 장차 하나님이 이루실 영광을 바라보아라."

참음으로 기다리라

성령님이 나를 위해 기도하시는 또 하나의 기도 제목은 "보이지 않는 것을 바라면 참음으로 기다리라"라는 것이다.

우리가 소망으로 구원을 얻었으매 보이는 소망이 소망이 아니니 보는 것을 누가 바라리요 만일 우리가 보지 못하는 것을 바라면 참음으로 기다릴지니라
롬 8:24,25

이 말씀을 읽을 때, 마치 성령님이 나를 위해 이렇게 기도하시는 것 같았다.

"참아라. 인내하라. 너는 지금 보이지 않는 것을 바라보고 있는 것이다. 보이지 않는 것은 당연히 눈에 보이지 않는다. 귀로도 들리지 않는다. 손으로도 잡을 수 없다. 아무런 느낌이 없을 수도 있다. 하지만 하나님이 반드시 이루신다는 것을 믿고 참음으로 기다려라."

이미 보이는 것을 믿는 건 믿음이 아니다. 믿음은 바라는 것들의 실상이기에 아직 오지 않은 것을 바라보며 붙드는 것이다. 문

제는 그 기다림이 쉽지 않다는 것이다. 그냥 막연히 참고 있으면 압력밥솥 속에 김을 계속 가두는 것과 같아서 겉으로는 멀쩡하지만, 속은 팽팽하게 차오르다가 어느 순간 터져버린다.

나도 목회하면서 그랬다. 참는다고 참았는데, 어느 날 한마디 말에 그동안 눌러둔 게 다 터져버린 적이 있다. 그런데 십자가를 배우기 시작하면서 인내하며 참을 수 있게 되었다. 예수님의 길을 묵상하면 억지로 버티는 자리가 아니라 은혜로 서는 자리로 변화되기 때문이다.

예수님이 십자가에 달리셨을 때 사람들은 조롱했다. "그가 남은 구원하였으되 자기는 구원할 수 없도다"(마 27:42)라는 표현은 얼마나 모욕적인가. 예수님은 손과 발에 박힌 못을 뽑고 십자가 아래로 내려오실 능력이 충분히 있었다. "너희들, 한번 보아라"라고 하실 수도 있었다. 그러나 그러지 않으셨다. 남을 구원하시기 위해 자기를 구원하지 않으셨다.

이 말씀을 붙잡으니 나도 조금은 참을 수 있게 되었다. 예수님의 모습을 떠올리면 억눌리지 않고 은혜로 잠잠할 수 있었다. 물론 항상 잘한 것은 아니다. 참지 못하고 후회한 적이 훨씬 많았다. 그러나 실패 속에서도 주님은 다시 십자가를 보게 하셨다.

가까운 사람에게서 배신당하는 일은 정말로 고통스럽고 그에게 받은 상처는 더욱 깊었다. 그때도 주님이 주신 은혜가 있었다. 예수님도 배신을 당하셨다는 사실이다. 끝까지 품어주신 가

롯 유다는 예수님을 은 삼십에 팔았고 죽기까지 따르겠다던 베드로는 세 번 부인했다. 그것을 묵상하며 나는 이렇게 기도했다.

"주님, 제가 지금 너무 아픕니다. 그런데 주님도 아프셨지요. 저보다 더 깊이 당하셨지요. 주님이 견디신 그 은혜로 저도 버티게 해주옵소서."

그때 문득, 오래전에 부르던 찬양의 한 구절이 떠올랐다.

"주님도 때로는 울기도 하셨네…"

그 찬양을 부르며 마음이 풀렸다. 주님도 우셨다면 나도 울 수 있다는 생각이 들었다. 그러나 울음으로 끝나지 않았다. 울음 속에 담긴 순종이 조금씩 인내로 바뀌기 시작했다. 인내는 억눌림이 아니라, 십자가에서 배운 순종의 길이었다. 찬송을 부르며 주님 앞에 다시 섰다.

"살든지 죽든지 주님의 뜻대로 살게 하소서."

모든 것이 합력하여 선을 이룬다

성령님이 나를 위해 기도하시는 또 하나의 기도 제목은 "모든 것이 합력하여 선을 이루게 하신다"라는 것이다.

우리가 알거니와 하나님을 사랑하는 자 곧 그의 뜻대로 부르심을 입은 자들에게는 모든 것이 합력하여 선을 이루느니라 롬 8:28

이 말씀을 읽을 때마다 성령님이 내 마음에 "믿으라. 내가 모든 것을 합력하여 선을 이루어주겠다" 하고 기도하시는 장면이 그려진다. 그런데 이 말씀을 붙잡으면 "우리가 알거니와 하나님을 사랑하는 자, 곧 그의 뜻대로 부르심을 입은 자들에게는"이라는 구절이 마음에 걸리며 '내가 정말 하나님을 사랑하나?'라는 질문이 자연스럽게 따라온다.

사랑하지 않는다면 말씀 앞에 서고 예배 자리에 앉아 있을 리없다. 표현이 서툴고 깊이 알지 못할 뿐, 사랑은 분명히 있다.

또 "하나님이 정말 나를 부르셨나?" 하는 의문도 생긴다. 만약 하나님이 나를 부르지 않으셨다면 어떻게 내가 예수님을 주로 고백할 수 있겠는가? 성경은 "성령으로 아니하고는 누구든지 예수를 주시라 할 수 없느니라"(고전 12:3)라고 분명히 말씀한다.

그러니 안심해도 된다. 이 약속은 지금도 유효하다. 성령님이 나를 위해 기도하시는 "모든 것을 합력하여 선을 이루신다"라는 이 말씀이 내 삶에도 분명하게 이루어지고 있다.

돌아보면 내 인생에는 '선'이 아닌 '악'의 구렁텅이 같던 시절이 있었다. 젊은 날에는 술과 담배, 세상에 얽매여 살았다. 그때의 내 모습은 그저 버리고 싶은 과거였다. 그런데 성령님이 은혜를 주셔서 그 시절을 다르게 보게 하셨다.

예전에는 술에 중독된 사람을 만나면 불편함과 짜증부터 올라왔다. 술에 취해 말이 흐려지고 행동은 통제되지 않는 사람과 함께 있고 싶지 않았다. 그런데 문득, 그들의 모습에서 그 비참한 현실에서 벗어나고자 하는 절박함이 느껴졌다. 나도 한때 세상에 얽매여 살던 때가 있었기에 그들을 불쌍히 여기는 마음이 생겼고, 그들에게 복음을 전할 때 하나님께서 그런 내 마음을 쓰시는 것을 경험했다. 주님은 부족한 나의 과거마저 복음의 도구로 바꾸시고 합력하여 선을 이루게 하셨다.

하나님이 내 과거를 사용하신 것이 또 하나 있다. 오랫동안 정신질환을 앓으신 내 어머니의 이야기다. 어머니는 내가 초등학교에 입학하기 전부터 젊은 날 대부분을 그 병과 함께 보내셨다.

그래서 나는 어린 시절부터 수십 년 동안 그 모습을 지켜봐야 했다. 그 당시의 내 심경은 단순히 '어려웠다'라는 말로는 다 담을 수 없다. 하루하루가 전쟁 같고 가족 모두가 그 병의 그림자 속에서 살았다. 어머니의 증상이 언제 심해질지 몰라 늘 긴장했고 평범한 일상을 기대할 수 없었다. 그 시간이 가족에게 얼마나 길고 힘든 시간인지, 병이 고쳐지기만을 바라며 버티던 날들이 얼마나 지치는지는 겪어본 사람만 안다.

하지만 그 속에도 하나님의 은혜가 있었다. 어머니는 병으로 인해 힘든 날을 보내셨으나 연세가 드실수록 주님께로 더 가까이 나아가셨다. 환경이 나아졌거나 형편이 특별히 좋아진 것도 아니었지만 예순, 일흔, 여든… 세월이 갈수록 어머니의 마음은 더 평안해지고 주님을 향한 믿음은 더 깊어졌다.

그 병을 통해 우리 가족 모두가 주님을 믿게 됐다. 이것이 은혜가 아니면 무엇인가. 하나님은 합력하여 선을 이루셨고, 덕분에 어머니는 불행하지 않으셨다. 가족들이 늘 곁에서 돌봐드렸고, 신앙 안에서 온전히 회복되었으며, 마지막 순간까지 하나님께 영광을 돌리며 십자가를 붙잡고 편안하게 소천하셨다.

흔히들 "정신적인 문제가 있으면 본인도, 가족도 불행하다"라고 말한다. 그러나 나는 그렇지 않다고 확신한다. 하나님은 불행으로 끝내지 않으시고 그분의 방법대로 선을 이루신다. 성령님은 지금도 모든 것이 합력하여 선을 이루도록 기도하고 계신다.

하나님의 사랑은 끊어지지 않는다

성령님이 나를 위해 지금도 기도하시는 네 번째 제목은 "하나님의 사랑은 끊어지지 않는다"라는 것이다.

누가 우리를 그리스도의 사랑에서 끊으리요 환난이나 곤고나 박해나 기근이나 적신이나 위험이나 칼이랴 기록된바 우리가 종일 주를 위하여 죽임을 당하게 되며 도살당할 양같이 여김을 받았나이다 함과 같으니라 그러나 이 모든 일에 우리를 사랑하시는 이로 말미암아 우리가 넉넉히 이기느니라 **롬 8:35-37**

바울이 그 사랑으로 자신을 극복했다고 고백했듯이 우리도 그리스도의 사랑 덕분에 끝까지 설 수 있다. 하나님의 사랑이 있기에 환난과 고통 속에서도 결국 이긴다. 이 은혜는 바울만이 아니라 우리 모두에게 주어진 약속이다.

내가 확신하노니 사망이나 생명이나 천사들이나 권세자들이나 현재 일이나 장래 일이나 능력이나 높음이나 깊음이나 다른 어떤 피조물이라도 우리를 우리 주 그리스도 예수 안에 있는 하나님의 사랑에서 끊을 수 없으리라 롬 8:38,39

간음하다 현장에서 잡힌 여인(요 8장 참조)은 율법대로라면 즉시 돌로 쳐 죽여야 했다. 그러나 예수님은 "너를 정죄한 자들이 어디 있느냐?"라고 물으신 후 "나도 너를 정죄하지 아니하노니, 가서 다시는 죄를 범하지 말라"라고 하셨다.

창세기로 가보자. 하나님께서 "선악을 알게 하는 나무의 열매는 먹지 말라 네가 먹는 날에는 반드시 죽으리라"(창 2:17)라고 하셨음에도 아담과 하와는 선악과를 먹었고 그 말씀대로 '죽음'이 세상에 들어왔다. 그런데 정작 죽임을 당한 이가 누구인가? 하나님의 아들이었다. 하나님의 공의는 분명히 이루어졌지만, 그 방식은 우리 대신 독생자 예수님을 십자가에서 죽게 하신 것이었다.

마치 이런 것이다. 야생 동물들이 자꾸 내려오고 사람들도 함부로 들어오니 보호를 위해 전기 철조망을 치고 "접근하면 닿는 순간 죽습니다"라는 경고문도 붙였다. 그런데 내가 그 옆을 지나다가 '정말 그런가?' 하는 호기심에 손을 대려 한다고 상상해보자. 철조망에는 고압 전류가 흐르니, 닿는 순간 죽는 게 당연하다. 그 순간 누군가 내 손을 번개처럼 떼어내고, 그르느라 자기 손이 대신 철조망에 닿았다. 죽음이 내게 닿기 전에 그가 대신 죽음을 맞는다. 나는 예수님이 이렇게 하셨다고 믿는다.

우리는 다 죄인이다. 나는 과연 주님의 심판대 앞에 당당히 설 자격이 있는가? 없다. 단 한 번도 없었다. 내 수준으로는 살아남을 수 없다. 그래서 엎드릴 수밖에 없다. "하나님, 감사합니다. 죽어 마땅한 저를 주님이 살려주셨습니다"라고 기도할 수밖에 없다.

나는 확신한다. 나를 멸망시킬 충분한 이유가 내 안에 있어도 하나님의 사랑은 나를 포기하지 않으신다. 죽을 수밖에 없었던 나를 대신해 예수님이 대신 죽임당하셨다. 그 사랑이 지금도 나를 붙잡는다. 성령님은 이 사랑을 결코 잊지 않게 하시려고 날마다 나를 위해 기도하고 계신다. 우리도 이렇게 기도해보자.

"주님, 제가 넘어져도 주님의 사랑 안에서 다시 일어나겠습니다. 어떤 것도 주님의 사랑에서 나를 끊을 수 없다는 이 확신으로 살게 하소서. 예수님의 이름으로 기도드립니다. 아멘."

03

내 영혼을 살리는 형통의 기도

사랑하는 자여 네 영혼이 잘됨같이 네가 범사에 잘되고 강건하기를 내가 간구

하노라 **요삼 1:2**

사도 요한은 사랑하는 동역자이며 교회의 지도자인 가이오를 향해 이 유명한 축복의 말을 건넨다. 단지 인사치레가 아니다. 이 말은 성령께서 주신 간구이며 그가 직접 본 증거에 기초한 기도다. 요한이 보기에 가이오는 '영혼이 잘된 사람'이었다. 그래서 그의 삶에서 모든 일, 곧 범사와 건강도 그렇게 잘되기를 하나님께 간절히 구하는 것이다.

요한은 무엇을 보았기에 그 영혼이 잘되었다고 확신했으며 가이오의 어떤 점 때문에 그런 복을 빌게 됐는지 그 비밀을 알게

된다면 우리도 그렇게, 우리의 영혼이 잘되고 그 복이 삶의 모든 자리로 흘러가기를 기도할 수 있을 것이다. 어떻게 해야 영혼이 잘되는 기도를 할 수 있을까?

진리의 말씀을 만나라

영혼이 잘되기를 바라는 사람이 가장 먼저 드려야 할 기도는 바로 진리의 말씀을 만나게 해달라는 기도다. 사도 요한이 가이오의 영혼이 잘되고 있다고 확신한 이유는 곧 이어지는 말씀에 드러난다.

> 형제들이 와서 네게 있는 진리를 증언하되 네가 진리 안에서 행한다 하니 내가 심히 기뻐하노라 내가 내 자녀들이 진리 안에서 행한다 함을 듣는 것보다 더 기쁜 일이 없도다 요삼 1:3,4

요한이 본 것은 가이오의 지식이 아니라 삶이었다. 그는 가이오의 삶 속에서 말씀이 실제로 나타나고 있는 것을 그가 진리 안에서 행하고 있다는 증거로 들었다. 이것이 바로 영혼이 잘된 사람의 증거다.

요한이 말한 '진리'란 무엇인가? 성경은 진리를 단순히 옳고 그름을 가르는 기준으로 말하지 않는다. 진리는 인격이신 '예수 그리스도'를 가리킨다. 예수님은 자신을 두고 "내가 곧 길이요 진리요 생명이니 나로 말미암지 않고는 아버지께로 올 자가 없느니라"(요 14:6)라고 말씀하셨다.

예수님은 단지 진리를 '가르치신 분'이 아니라, '진리 그 자체'이시다. 따라서 진리를 만난다는 것은 곧 예수님을 만나는 것이며 진리의 말씀을 깨닫는다는 것은 곧 예수님의 마음과 뜻을 아는 것이다.

가이오는 이 진리를 알았고, 예수님을 단순히 믿는 데서 멈추지 않고 그분의 말씀을 따라 행하는 삶을 살았다. 그래서 요한은 "네 안에 진리가 있다"라고 확신할 수 있었다. 말씀이 진리로 내 안에 있다는 것은 그 말씀이 삶의 현장에서 움직인다는 뜻이기도 하다.

살아 움직이는 현장이 된 말씀

아프리카 사역을 하던 어느 주일, 아내는 예배 시간에 내 설교를 들으며 마음이 이상하게 뜨거워졌다고 했다.

"예수님은 세리와 죄인의 친구가 되셨습니다. 성공하지 못한 자, 죄책감과 실패 속에 있는 삭개오 같은 자에게 직접 찾아가셨습니다. 병든 사람을 치료하실 뿐 아니라 접촉하셨습니다."

그 말을 듣는 순간, 아내는 하나님께 '주님, 저를 보내주세요. 주님의 눈물이 있는 자리라면 제가 가겠습니다'라고 고백했다고 한다. 그렇게 고백한 지 하루도 지나지 않아 일이 벌어졌다.

그날 오후, 아내는 우리 교회가 운영하는 연풍리 선교센터에서 드리는 주일 오후 아프리카 예배에 갔다. 예배를 마치고 나오려는 아내를 그곳 아프리카 목회자 사모님이 다급히 붙잡았다.

"사모님, 지금 가나 커뮤니티에서도 두 손 두 발 다 든 친구가 하나 있는데 방법이 없대요. 여러 병원을 데리고 다니다가 친구들도 많은 돈을 허비하고 포기했대요. 그런데 아픈 그 친구는 일곱 살짜리 딸이 있는데 죽기 전에 그 딸을 보고 싶어 해요. 사모님, 가서 기도 좀 해주세요."

아내는 그 말을 듣고 바로 A형제를 찾아갔다. 파주에 살면서도 한 번도 가본 적 없는 동네였다. 골목을 돌고 돌아 도착해보니 방 안에는 복수가 가득 차 몸을 가누지 못하는 사람이 누워 있었고, 천장과 벽에는 똥파리들이 가득 날아다니고 있었다. 아내는 숨을 고르고 조용히 앉아 간절하게 기도했다.

기도 후에 일어나려는데, 벽에 이상한 것이 보였다고 한다. 가까이 가서 보니 우리 교회(디자인교회)의 달력으로, 그것도 2년 전에 만든 달력이었다. 아내는 그 근처 아프리카 사람들을 만난 적도 없고, 그 집에 간 적은 더더욱 없는데 우리 교회 달력이 있는 게 너무 이상했다고 말했다.

아내는 그 모습을 사진으로 찍어 나에게 보여주었는데 나는 그걸 보자마자 '그 영혼은 우리 교회에 맡겨 주신 것 같다. 우리가 끝까지 도와주자'라는 생각이 들었다.

그 뒤의 일들은 정말 놀라웠다. 그때는 코로나로 병상이 하나도 없는 시기였다. 전국의 모든 병원이 포화 상태였고, 한국 사람도 입원하기 어려운 때였다. 아내의 말로는 기도 중에 하나님께서 국립중앙의료원을 보여주셔서 병원에 전화를 걸었더니 직원이 "딱 한 자리 있어요. 이번 환자만 가능합니다"라고 했다 한다. 마치 그 친구를 위해 예비된 듯 딱 한 병상이 비어 있었다.

그 친구는 그렇게 한 달 반을 입원했다. 아내는 병원비가 얼마나 나올지 두려워했다. 의료보험도 없고 한 달 반이나 입원했으니 수백만 원은 나올 것 같았다. 그런데 계산서를 받는 순간 깜짝 놀랐다. 총 18만 원. 코로나 기간에 외국인을 위한 지원 기금이 있었는데, 그동안 아무도 사용하지 않아 그 혜택이 그 친구에게 모두 적용된 것이었다. 하나님께서 그 친구를 위해 미리 준비해두신 선물이었다.

치료를 마치고 그 친구는 아프리카로 돌아가게 되었다. 얼마 전까지만 해도 복수가 차서 몸을 가누지 못하던 그가 이제 건강을 회복해 고향으로 돌아가는 날, 공항에서 그를 위해 뜨겁게 기도해주고 돌아온 아내는 일을 행하시고 그것을 만들어가시며, 한 영혼을 위해 모든 일을 성취하시는 하나님을 경험했다고 했다고 말했다.

"주일예배에서 들은 '예수님은 실패한 자와 병든 자에게 직접 찾아가신다'라는 그 말씀이 그 주 그대로… 현장에서 그대로 이루어진 거였어요."

아내는 작게, 그러나 또렷하게 말했다. 나는 그 말이 잊히지 않았다. 주일 아침에 강단에서 선포한 말씀이 그날 오후에 아내를 통해 살아 움직이는 현장이 되었다. 설교가 단순히 지식이나 이론이 아니라, 하나님의 산 역사로 증명된 것이다.

그날 아내에게 들은 이야기는 지금도 내가 붙드는 살아 있는 설교다. 그것은 내가 한 설교가 아니라, 하나님께서 아내를 통해 내게 다시 들려주신 말씀이었다. 말씀은 설명으로 끝나지 않았다. 그날 말씀은 현장에서 증거가 되었다.

영혼이 잘된다는 것은 결국 예수님 안에 거하고 그분의 말씀 안에 사는 것이다. 진리의 말씀이 내 생각을 새롭게 하고, 내 마음을 다스리고, 내 삶을 인도할 때 영혼이 잘되고 회복된다. 그러므로 우리가 드려야 할 기도는 분명하다.

"주님, 진리이신 예수님을 만나게 하소서. 그분이 하신 말씀이 곧 진리의 말씀임을 알게 하소서. 그 말씀이 내 안에서 살아 역사하게 하소서."

이렇게 기도하는 자에게는 반드시 영혼이 잘되는 형통함이 임한다. 가이오가 바로 그런 형통함을 받은 사람이었다.

예수님의 긍휼과 겸손이 나타나는 삶

사랑하는 자여 네가 무엇이든지 형제 곧 나그네 된 자들에게 행하는 것은 신실한 일이니 그들이 교회 앞에서 너의 사랑을 증언하였느니라 네가 하나님께 합당하게 그들을 전송하면 좋으리로다 요삼 1:5,6

요한은 계속해서 가이오의 삶 속에 나타난 진리의 열매를 말한다. 가이오는 복음을 전하는 전도자들, 곧 나그네처럼 떠돌며 말씀을 전하는 이들을 기꺼이 영접했다. 그들은 이방인에게서 아무것도 받지 않고 오직 주의 이름을 위하여 나선 자들이었다.

가이오는 그들을 섬기며 필요한 것을 채워주었고, 그 사랑은 단순한 예의나 호의가 아니라 예수님의 사랑이었다. 긍휼의 마음이고 낯선 이를 따뜻하게 환대하는 마음이었으며 자신을 내세우지 않는 겸손한 섬김이었다. 이는 단순히 성격에서 나오는 것이 아니라 진리를 만난 자에게서만 흘러나오는 열매다.

이와는 달리, 같은 교회의 또 다른 지도자 디오드레베는 복음 전도자들을 환대하지 않을 뿐 아니라 그들을 돕는 자들까지도 핍박했다(요삼 1:9,10 참조). 그 이유는 하나다. 그는 자신이 으뜸이기를 원했다. 섬김보다 인정받기를 원했고 사랑보다 자리를 탐했다. 요한은 이에 대해 분명히 말한다.

"사랑하는 자여 악한 것을 본받지 말고 선한 것을 본받으라 선을 행하는 자는 하나님께 속하고 악을 행하는 자는 하나님을 뵈옵지 못하였느니라"(요삼 1:11).

가이오의 삶에는 예수님의 긍휼이 있었고, 디오드레베의 삶에는 자기의 영광이 있었다. 진리를 만난 자는 겸손하게 섬기며, 진리를 모르는 자는 자신을 높여 교회를 어지럽힌다. 그러므로 우리는 더욱 간절히 기도해야 한다.

"주님, 제가 진리이신 예수님을 만나게 하소서. 주님의 말씀을 진리로 믿고 살아가게 하소서. 제 안에 예수님의 긍휼과 환대, 겸손과 사랑이 나타나게 하소서."

진리를 알지 못하면 영혼은 방황한다. 진리 없이 살아가는 사람은 늘 뭔가를 쫓지만, 만족이 없다. 물질이나 건강이 진리라고 생각하고 살아가지만, 시간이 지날수록 더 큰 공허를 느낀다. 하지만 진리이신 예수님을 만난 사람은 "예수님이 나의 진리이십니다. 주님만이 길이요 진리요 생명이십니다. 주님은 나의 모든 것입니다"라고 고백하게 된다. 이 고백이 우리의 심령에서부터 울려 퍼지며, 또한 당신의 기도가 되기를 바란다.

예수님을 만나면 진리를 알게 되고 영혼이 복되다. 그래서 우리는 예수님을 만나게 해달라고 기도해야 한다. 이것이 내 영혼이 잘되는 형통의 기도다.

성령의 감동에 순종하라

가이오의 삶에서 가장 인상 깊은 표현 중 하나는 "진리 안에서 행한다"라는 말이다(요삼 1:3 참조). 예수님을 만나고 말씀을 듣는 것도 중요하지만, 그 모든 은혜는 결국 삶으로 이어져야 온전해진다. 말씀을 듣고 은혜받는 것만으로는 내 영혼이 온전히 자라지 않는다. 말씀에 순종할 때, 말씀을 따라 행동할 때 비로소 내 영혼 안에 하나님의 역사가 시작된다.

말씀을 듣는 것과 "아멘" 하는 것도 중요하지만, 내 경험에 의하면 정말 큰 은혜는 순종할 때 나타났다. 말씀이 체험되고, 실제가 되고, 삶을 이끄는 힘으로 작동하는 순간은 바로 순종 이후였다. 그러므로 영혼이 잘되기 위해 해야 할 또 다른 기도는 "성령께서 감동을 주실 때, 곧바로 순종하게 하소서"라는 기도다.

사람은 계획을 세운다. 내 인생과 가정, 사역 등 할 일이 너무 많다 보니 마음속으로 수많은 계획을 세우며 나아간다. 나도 그랬다. 그런데 어느 순간, 내 마음에 불현듯 이 말씀이 떠올랐다.

사람이 마음으로 자기의 길을 계획할지라도 그의 걸음을 인도하시는 이는 여호와시니라 잠 16:9

내가 열심히 준비하고 최선을 다해도 그 길을 허락하고 열어 가시는 분은 결국 하나님이셨다. 하나님은 말씀을 통해, 성령의 감동을 통해 그 인도하심을 이루어가신다.

주의 말씀은 내 발에 등이요 내 길에 빛이니이다 시 119:105

어두운 인생길에서 어디로 가야 할지 모를 때 말씀 한 구절이 등불이 되어 내 발 앞을 비춘다. 멀리까지는 보이지 않지만, 지금 내가 어디에 서 있는지, 어디로 한 걸음을 내디뎌야 하는지를 알려주는 빛이다. 말씀은 등불일 뿐 아니라, 내 길 전체를 비추는 빛이기도 하다. 내가 잘못된 방향으로 가고 있을 때 그 말씀이 나를 멈추게 하고 주님의 말씀에 다시금 순종하게 하여 하나님의 길로 이끌어준다.

어느 날, 60대 초반으로 보이는 한 여성분이 강아지를 품에 안고 교회를 찾아오셨다. 혼자 사시는 분인데 여러 우여곡절 끝에 교회에 발을 들여 우리 교회에서 두세 달 정도 지내셨다. 그동안 참 많은 일이 있었고, 쉽지는 않았으나 내 나름대로는 잘 섬기려고 노력했다. 그러던 어느 날 저녁, 하루를 마무리하고 퇴근을 준비하면서 마음이 분주한 가운데, 그 분과 마주하게 되었다.

조심스레 이런저런 말을 건네며 어떻게 지내셨는지 물었는데 그 분이 다소 격앙된 목소리로 "목사님, 그냥 똑바로 말씀해주세요. 제가 여기 있는 게 불편하세요? 불편하시면 저는 가겠습니다"라고 톡 쏘아붙였다.

순간 기분이 언짢아진 나는 나도 모르게 "죄송하지만, 그럼 가시죠. 여기 계시기 불편하시면 좋은 데를 찾아가세요. 도울 수 있으면 제가 돕겠습니다" 하고는 돌아서 엘리베이터 쪽으로 걸어갔다. 그런데 5미터 정도나 걸었을까, 이상하게 마음이 편치 않았다. 그대로 퇴근하기에는 무언가가 내 마음에 걸렸다. 갈까 말까 여러 번 갈등하다 한숨을 내쉬며 멈췄다. 마음속에서 누군가 조용히 말했다.

"그렇게 보내면 안 된다."

발길을 돌렸다. 혹시 저분이 식사를 못 하신 건 아닐까 싶어 목양실 서랍에 준비해두었던 오만 원권을 꺼내 들고 다시 그 분에게 가서 "식사 안 하셨으면 이거로 따뜻한 밥 한 끼 하세요. 건강 잘 챙기시고요"라고 말하며 식사비를 건넸다. 조금 전의 내 말투와 태도가 마음에 걸려 이렇게 덧붙였다.

"아까 제가 조금 차가웠던 것 같아요. 죄송합니다. 저도 열심히 도와드리겠습니다. 성도님도 주변 상황을 잘 헤아려주세요. 그리고 어떻게든 여기에 계실 수 있도록 함께 방법을 찾아보죠."

그렇게 말하고 나니 답답했던 감정이 확 풀리고 마음이 기뻤다. 내가 주님 앞에서 해야 할 일을 회복한 느낌이었다. 작은 일 하나였지만, 내 감정과 태도, 결정이 회복되는 사건이었다.

그 분에게 "죄송하지만, 그럼 가시죠"라고 말하며 돌아설 때, 나는 내 일반적인 삶의 방식대로 행동하고 있었다. 마음은 불편

했지만, 그냥 지나칠 수 있었다. 그런데 성령께서 내 마음을 돌이키게 하셔서 나는 발길을 돌려 내가 가진 물질로 그 분을 섬기게 되었고, 마음 깊은 곳에 있던 힘든 감정들도 성령의 도우심 안에서 풀려나게 되었다.

성령께서 감동하시는 그 순간에 순종하기만 하면, 그 말씀이 실제가 되어 나타난다. 그 말씀이 내 안에 빛이 되어 살아난다. 그때 영혼이 살아나고 잘되는 것이다.

말씀을 내 삶에서 경험하라

내 영혼을 살리려면 진리의 말씀이 내 삶에서 실제로 경험되게 해달라고 기도해야 한다. 말씀이 머리로만 아는 정보가 아니라 실제로 내 삶에 체험되어야 한다. 그 진리의 말씀이 내 안에 경험되면 정말 놀라운 일이 벌어진다.

'내가 지금 이 말씀을 살아내고 있구나. 그 말씀이 실제가 되어 나에게 일어나고 있구나' 하는 깨달음이 전율처럼 온몸을 타고 흐른다. 진리의 말씀이 성경 속 문장이 아니라, 내가 걷는 길 위에서, 내가 품은 마음 안에서, 내가 드린 기도와 순종을 통해 실제 현실로 나타난다.

이것이야말로 내가 가장 사랑하게 된 기도의 자리다. 진리의 말씀을 내 삶에서 실제로 체험하게 해달라고 하는 이 기도가 내 삶을 살리는 기도이고, 영혼을 살찌우는 기도이며, 내 존재 전체를 하나님 앞으로 이끄는 기도다.

실제로 나는 매주, 매일, 말씀을 읊조리는 시간 속에서 크고 작은 말씀의 성취를 경험하고 있다. 수없이 많다. 그 60대 여성분에게 식사비를 건넨 그날도 그 주간의 말씀 읊조리기를 하고 있었다. "빛의 열매는 모든 착함과 의로움과 진실함에 있느니라"(엡 5:9)라는 말씀이었다. 깊은 뜻도 잘 모른 채 그저 반복해서 읊조리고 있었는데, 어느 순간 성령께서 나를 그 말씀에 '순종'하게 이끄셨다.

그런데 그다음 날, 그 말씀이 입과 머릿속에만 있는 게 아니라 내 안에 들어와 열매로 맺히고 있었다는 것을 비로소 알게 되었다. 내게는 '착한 마음'이 없었으나 내가 순종하여 돌아섰을 때 성령님이 그 마음을 주셨고, 내게 없던 '의로움'이 생겼고, 내게 없던 '진실함'이 마음 깊은 데서 솟아올랐다. 내가 노력해서 만든 감정이 아니었다. 말씀의 능력, 말씀의 역사였다. 그 말씀이 마치 스포트라이트처럼 내 영혼을 비추었다.

나는 너무 놀라웠다. 하나님 말씀이 이렇게도 우리를 인도하신다는 것이 말로 다 표현할 수 없는 은혜였다. 손뼉을 치며 감사했다. "하나님, 감사합니다. 제가 뭔데 이 말씀의 진리를 이렇게 실제로 경험하게 하십니까? 이 말씀의 능력을 알게 하십니까?"라고 고백하지 않을 수 없었다.

전적으로 타락한 존재인 우리 안에는 진리가 없다. 진리는 내 안에 있는 것이 아니라 하나님으로부터 오는 것이다. 그런데 하나님께서 그 진리의 말씀을 자꾸 내 귀에 들리게 하시고, 내 입술에 읊조리게 하시고, 내 마음에 떠오르게 하셨다. 그리고 어느 순간, 그 말씀이 필요한 삶의 상황과 마주하게 되었을 때, 성령께서 내 안에 "이제 네가 한번 해봐라. 이 말씀에 순종해봐라" 이러한 강권적인 감동을 주셨다.

그 감동 앞에 순종했을 때 그 말씀이 내 안에서 빛이 되었다. 그 말씀의 내용이 실제가 되어 내게서 그대로 살아나고, 그 말씀의 인격이 내 안에서 살아 움직였다. 나는 이것이 바로 하나님의 말씀이 살아서 내 안에서 인격으로 나타나는 것, 즉 '말씀의 성육신'이라는 사실을 깨달았다.

> 말씀이 육신이 되어 우리 가운데 거하시매 우리가 그의 영광을 보니 아버지의 독생자의 영광이요 은혜와 진리가 충만하더라 요 1:14

이 말씀이 내 심령에 임한 것이다. 하나님의 말씀이 내 안에 오셔서 실제 인격으로 역사하신 것이다. 이 은혜는 이루 말할 수 없을 만큼 감사한 일이다.

> 친히 나무에 달려 그 몸으로 우리 죄를 담당하셨으니 이는 우리로 죄에 대하여

죽고 의에 대하여 살게 하려 하심이라 그가 채찍에 맞음으로 너희는 나음을 얻었나니 벧전 2:24

이 말씀은 과거형이다. 이미 이루어진 사실로 선언되고 있다. 정말 그런가? 예수님이 채찍에 맞으신 그 사건으로 나는 나음을 얻었다는 것인가? 계속 그 말씀을 읊조리다 보니 이 말씀이 실제로 내게 임할 것이라는 확신이 들었다.

이해가 아니라 체험이었다. '빛의 열매' 말씀을 계속 읊조릴 때 "모든 착함과 의로움과 진실함"이 내 안에 실제로 나타났던 것처럼, 이 치유에 대한 말씀도 그렇게 계속 읊조리고 마음에 품고 말씀이 나를 끌어갈 때까지 기다린다면, 어느 순간 그 말씀의 내용을 경험하는 순간이 온다는 것을 알았다.

나는 확신한다. 우리가 하나님의 말씀을 입에 두고 귀에 들리게 하고 마음에 새길 때 그 말씀은 실제로 우리 삶에 뜨겁게 임한다. 말씀은 생명이자 능력이기 때문이다. 그 말씀을 믿음으로 붙들고 순종할 때, 말씀은 더 이상 글자가 아니라 살아 움직이는 능력이 된다. 그 말씀은 내 삶에 빛이 되고, 생명이 되고, 치유가 된다.

04

내 영혼을 살리는 생명의 기도

아침 운동을 하던 중, 한 분이 갑자기 쓰러진 적이 있다. 함께 있던 분의 다급한 외침에 나를 비롯한 몇 명이 곧바로 뛰어갔고 누군가 "119에 전화 좀 해주세요!"라고 외쳐서 나는 곧바로 119에 전화를 걸었다. 그런 와중에 다른 분이 쓰러진 분의 숨을 확인하며 곧장 심폐소생술을 시작했다.

내 전화를 받은 구급대원이 "쓰러진 분이 지금 숨을 쉬고 있습니까? 호흡이 일정합니까?"라고 물었다. 나는 쓰러진 분의 상태를 정확히 알지 못해 폰을 스피커 모드로 바꾸고 주변 분들과 함께 상태를 확인했다.

"숨은 쉬지만, 호흡이 일정하지 않은 것 같습니다."

"계속 심폐소생술을 하세요! 압박을 멈추지 마세요!"

이후 영상통화로 전환해 쓰러진 분의 상태를 직접 보여주니 구급대원은 실시간으로 대처 방법을 하나하나 알려주었고, 곧 현장에 도착한 구급대원들이 쓰러진 분을 병원으로 이송해갔다. 여전히 의식이 없는 그 분을 보며 마음이 철렁 내려앉고 나도 모르게 눈물이 났다.

다행히 몇 시간 뒤 그 분이 의식을 회복했다는 소식이 들려왔다. 웃는 얼굴로 찍은 사진과 함께 '살아났습니다'라는 기쁜 소식을 전했다. 당시 그 분을 이송한 구급대원이 "현장에 함께 있던 분들이 대처를 정말 잘하셨습니다. 위기 상황에서 침착하게 대처해주셔서 환자분의 생명을 지킬 수 있었습니다"라고 말했다고 한다.

그날 나는 갑작스러운 위기 상황에 두려움을 느꼈고 염려도 컸다. 긴급한 상황에도 누군가는 배운 대로 움직였고, 누군가는 감각적으로 반응했고, 누군가는 전화를 걸었다. 잘 모르는 상황에서도 모두가 함께 대응하며 생명을 살릴 수 있었다.

두려움과 염려가 밀려올 때 사람은 본능적으로 움츠러들지만, 그 순간에도 기도하고, 반응하고, 움직여야 한다. 그럴 때 우리가 기억할 기도의 방향을 세 가지로 생각해보자.

염려와 두려움을 인식하라

염려와 두려움을 인식하는 것이 기도의 시작이다. 나는 염려와 두려움이 기도를 막을 수 있다는 사실을 실제로 경험하며 배웠다. 염려와 두려움으로 불현듯 마음이 무너지면 기도가 막힌다. 마음이 있어도 입이 열리지 않고, 읊조리던 말씀도 가슴에 박히지 않는다.

내 아내는 가끔 늦기도 한다. 나가기로 한 시간에서 10분이 넘도록 나오지 않을 때가 있다. 처음에는 대수롭지 않게 생각했는데 몇 번 반복되니 내 마음속에서 '왜 또 늦지?' 하는 불편한 감정이 올라왔다(나보다 더 빨리 나올 때도 많은데도).

그렇게 시작된 염려는 '이러다 중요한 약속에 늦는 건 아닐까?' 하는 두려움으로 바뀌고 결국 화로 이어졌다. 그 순간은 기도가 전혀 나오지 않았다. 기도해도 하나님이 멀리 계신 것만 같고 성령의 감동이 사라진 느낌이었다. 말 그대로 기도가 막힌 것이다. 성경은 관계가 무너지면 기도가 막힌다고 말씀한다.

남편들아 이와 같이 지식을 따라 너희 아내와 동거하고 그를 더 연약한 그릇이요 또 생명의 은혜를 함께 이어받을 자로 알아 귀히 여기라 이는 너희 기도가 막히지 아니하게 하려 함이라 **벧전 3:7**

하루는 아내가 내 방을 정리해주고 간 후 내가 자주 쓰는 볼펜

이 보이지 않았다. 아내에게 물으니 "책장 옆에 뒀어요"라고 대답했으나 내 눈앞에 보이지 않아 짜증이 났다. 그러자 아내는 조용히 말했다.

"물건도 자기 자리가 있어야 해요."

그 말에 한 방 맞은 듯했다. 물건도 자리가 필요한데, 내 마음은 어떤가? 내 마음에 있어야 할 것이 있는가? 나는 염려와 분노와 두려움을 마음에 놓고 살고 있었다. 기도의 자리에 앉는다고 해도, 그 마음에 잘못된 것이 있으니 기도가 힘을 잃는 것이 당연했다.

염려는 마음을 둔하게 하고(눅 21:34 참조), 둔한 마음은 기도를 무디게 만든다. 마음의 염려는 말씀을 막아버리고 기도의 생명력마저 빼앗아 간다. 그런 경험을 종종 한다. 마음에 감동이 있어 누군가에게 복음을 전하려다가도 '괜히 가서 민폐만 되는 건 아닐까?', '거절당하면 어쩌지?' 그런 염려가 밀려오면 결국 시도를 포기하게 된다. 아까까지 분명하게 임했던 하나님의 마음이 흔적도 없이 사라지는 순간이다.

그러니 염려가 왔을 때는 가장 먼저 마음의 상태를 '인식'해야 한다. 기도는 내 마음을 바라보는 것에서부터 시작된다. 염려와 두려움이 기도의 자리에 올라왔는지, 그것들이 말씀을 막고 있는 것은 아닌지, 내 마음의 상태를 돌아보고 '아, 지금 내 안에 염려가 들어왔구나. 두려움이 내 마음을 휘감고 있구나' 하고 자각하는 것이 기도의 시작이다.

지금도 종종 혼란스러운 감정 속에서 기도의 입을 닫을 때가 있지만, 그때마다 다시 마음을 붙잡고 하나님 앞에 기도한다.

"하나님, 지금 제 마음이 염려로 가득합니다. 이 염려가 기도를 막고 있다는 것을 제가 압니다. 이제는 이 감정을 끌어안고 하나님께 말하려 합니다. 도와주세요. 제 마음을 다시 기도의 자리로 데려가 주세요."

기도를 방해하는 염려와 두려움을 인식하는 순간, 기도는 다시 시작된다. 하나님은 그런 기도를 들으신다.

주 안에서 기쁨을 찾으라

빌립보 교회는 바울에게 특별한 의미가 있는 교회였다. 그가 유럽 땅에 세운 첫 번째 교회였기 때문이다. 이 공동체는 루디아라는 여인의 집에서 시작되었다. 바울의 설교를 들을 때, 하나님은 그녀의 마음을 열어 복음을 받아들이게 하셨다. 그날 그녀는 온 가족과 함께 세례를 받았고 자신의 집을 열어 바울과 사역자들을 초청했다. 그렇게 루디아의 집은 유럽 선교의 출발점이 되었고 교회는 은혜의 역사 속에 자라기 시작했다.

그 후 10년이 지났다. 빌립보 교회는 여전히 바울의 마음에 가장 깊은 사랑으로 남아 있었다. 그는 감옥에서도 빌립보 교회를 생각하며 감사와 기쁨을 고백했다. 그러나 그가 보낸 편지에는 교회 안에서 벌어진 갈등으로 인해 한 가지 염려가 담겨 있었다.

이 갈등의 중심에는 유오디아와 순두게라는 빌립보 교회의 대표적인 여성 지도자가 있었다. 바울은 이들을 "복음에 나와 함께 힘쓰던 저 여인들"(빌 4:3)이라고 표현했다. 바울과 함께 복음 사역을 감당한 헌신적인 일꾼들이었다는 뜻이다. 그녀들은 교회 내에서 영향력 있는 지도자였고 성도들에게 존경받았을 것이다.

문제는 이 두 사람이 같은 마음을 품지 못했다는 데 있었다. 바울이 편지에까지 그녀들의 이름을 언급하며 화해를 촉구할 정도라면 단순한 개인적 감정의 문제가 아니라 교회 공동체가 흔들릴 만큼 상황이 심각했음을 보여준다.

교회가 은혜로 시작되었다 해도 사람 사이의 관계 문제는 언제든 발생할 수 있다. 빌립보 교회는 바울의 사역을 물심양면으로 지원했던 충성된 공동체였지만 지도자들 간의 갈등이 교회를 영적으로 힘들게 하고 있었다. 그 상황에서 바울이 준 해답은 단순했으나 아주 깊었다.

내가 유오디아를 권하고 순두게를 권하노니 주 안에서 같은 마음을 품으라 …
주 안에서 항상 기뻐하라 내가 다시 말하노니 기뻐하라 빌 4:2,4

주 안에서 같은 마음을 품으라는 것과 기뻐하라는 것이었다. 바울은 왜 갈등의 해답을 '기쁨'에서 찾았을까? 왜 "상대방을 설득하라"가 아니라 "기뻐하라"였을까?

교회 안에서 일어나는 갈등의 본질은 단순한 의견 충돌이 아니라 '마음의 초점이 하나님에게서 벗어나 있을 때'에 생기는 문제이기 때문이다. 주님 안에서 누려야 할 기쁨이 사라지면 사람은 자신을 중심으로 생각하게 된다. 서로의 차이는 더 크게 보이고 염려와 두려움은 그 틈을 파고든다.

기뻐하라는 말씀은 단순한 위로가 아닌 명령이다. 특히 감옥 안에서, 모든 게 불확실한 가운데 있던 바울이 기록한 말씀이다. 누구보다도 염려와 두려움을 느낄 수 있는 자리에 있던 바울이 오히려 기쁨을 명령하고 있다. 그것도 "항상" 기뻐하라고 한다. 기쁨이 회복될 때 비로소 주님께로 시선이 향하고 같은 마음을 품게 되기 때문이다.

'기쁨'이란 감정은 일반적으로 좋은 상황에서 나오는 열매처럼 느껴진다. 건강할 때, 일이 잘 풀릴 때, 관계가 화목할 때 우리는 기뻐한다. 하지만 바울은 전혀 다른 차원의 기쁨을 말한다. 내 상황으로부터 오는 기쁨이 아니라, '주님 안에서' 오는 기쁨이다.

"다시 말하노니 기뻐하라"라는 이 표현은 마치 우리 마음을 예상한 듯하다. "지금 내 상황에서 무슨 기쁨이냐"라고 말하고 싶은 우리를 향해 바울은 마치 한 번 더 다짐하듯 "다시 말하노니"라며 권면을 반복한다. 여기서 기쁨은 감정의 결과가 아니라 선택의 문제라는 중요한 영적 원리를 발견하게 된다.

바울은 감옥 안에서도 기쁨을 '선택'했다. 여전히 하나님이 나와 함께하신다는 진리 위에서 기쁨을 붙들었다. 이것이 바로 염려와 두려움을 이기는 영적 대처 방법이다. 염려에 휩싸이는 이유는 상황이 어렵기 때문이기도 하지만, 그보다 더 깊은 원인은 내가 기쁨을 잃었기 때문이다.

마음이 하나님께 고정되지 않고 문제와 사람과 결과에 따라 움직일 때 쉽게 낙심하고 절망에 빠진다. 하지만 주 안에서 기쁨을 선택하면 염려의 사슬이 끊어지고, 문제보다 크신 하나님께로 마음이 모인다. 나를 불안하게 하던 상황이 더는 나를 지배하지 못하고, 영혼이 깨어나며 기도가 다시 살아난다.

나는 목회 현장에서 이 기쁨의 능력을 자주 경험했다. 위기가 닥쳤을 때 회의적인 분위기와 문제 해결의 압박 속에서도 잠시 멈추어 주님 안에서 기쁨을 회복하는 순간, 마음에 놀라운 평안이 찾아왔다. 상황은 그대로였지만 내 마음이 먼저 바뀌었고, 그러자 상황을 바라보는 시각도 달라졌다. 이것이 성령 안에서 주시는 기쁨의 능력이다.

주 안에서 항상 기뻐하라는 말씀은 감정을 끌어올리라는 말이 아니라 내 마음을 다시 '주님 안에' 두라는 말이다. 기도는 결국 내 마음에 무엇을 두느냐의 문제다. 염려를 두면 염려가 자라지만, 주님의 말씀을 두면 기쁨이 자란다.

감사함으로 드리는 기도

염려와 두려움이 몰려와 마음이 눌리고 기도가 나오지 않을 때면 내 안에 '지금 기도한다고 뭐가 달라질까? 아무도 내 마음 몰라'라는 속삭임이 올라와 점점 더 기도에서 멀어지고 말씀에도 집중하지 못하게 된다.

그때 이것을 기억하라. 염려는 단순한 감정이 아니라 기도를 막고 말씀의 능력을 무디게 만드는 영적 공격이라는 것을. 염려는 외부에서 오는 두려움이 아니라, 내 마음 안에서 말씀의 자리를 빼앗아 가는 침입자다. 염려하지 말라는 예수님의 말씀(마 6장 참조)은 단지 우리를 안심시키려는 위로가 아니라, 믿음의 본질을 지키기 위한 명령이다.

히브리어, 헬라어 모두 '염려'는 단순한 걱정 이상을 의미한다. 헬라어 '메림나오'는 마음을 나눈다는 뜻이다. 즉, 염려는 한 방향으로 향해야 할 내 마음을 둘로, 셋으로 쪼개는 일이다. 마음이 나뉘면 기도는 끊기고 말씀은 흩어진다. 그래서 기도하려고 무릎을 꿇어도 마음속에선 여전히 상황 계산을 하고 있고, 결과를 예측하려 들고, 최악의 시나리오까지 떠올리는 것이다.

이런 상태가 지속되면, 아무리 좋은 설교와 감동적인 찬양을 들어도 심령에 진짜 기쁨은 들어오지 않는다. 마치 문을 닫아놓고 밖에서 "들어오세요!"라고 말하는 것과 같다. 그 문이 바로 '염려'다. 그러면 어떻게 이 문을 열고 이 마음의 장벽을 허물 수 있을까? 답은 '감사함으로 기도하는 것'이다.

아무것도 염려하지 말고 다만 모든 일에 기도와 간구로, 너희 구할 것을 감사함으로 하나님께 아뢰라 그리하면 모든 지각에 뛰어난 하나님의 평강이 그리스도 예수 안에서 너희 마음과 생각을 지키시리라 빌 4:6,7

놀랍지 않은가? 이렇게 권면하는 바울은 지금 감옥 안에 있다. 밖에선 자신을 반대하는 무리가 교회를 흔들고, 빌립보 교회 안에서도 두 리더 사이에 갈등이 있다. 모든 상황이 염려를 부추기는 그 순간, 바울은 염려하지 말라고 말한다. 그냥 참아내라는 것도 아니고 감사함으로 하나님께 아뢰라고 말한다.

이 말씀은 한국 교회 성도들에게 가장 사랑받는 구절 중 하나다. 아마 그만큼 염려와 두려움 속에서 살고 있기 때문일 것이다. 누군가는 "저 말씀 너무 좋아요"라고 하지만, 정작 그 첫 마디 '아무것도 염려하지 말라'에서 걸려 넘어진다.

현실도 염려가 끊이지 않는다. 끊으려고 해도 도리어 내 안에서 '아니, 염려라도 해야지, 그조차 안 하면 너무 무책임한 거 아닌가?', '지금 이 상황에서 웃고 있으면 이상한 사람 아니야?' 이런 소리가 들린다. 이것이 우리의 실제 감정이다.

염려하지 말자는 말은 좋은데, 실천은 너무 어렵다. 염려는 '의무처럼 여겨지는 감정'이기 때문이다. 내가 아무것도 하지 않더라도 마음이 자동으로 걱정을 만들어내고, 그 걱정에 내가 책임감을 부여하고, 때로는 죄책감마저 더한다.

이 염려의 고리를 끊는 방법이 바로 '감사함으로 기도하는 것'이다. 기도할 수 없을 때 감사를 시작해보라. 기도의 문이 열리기 시작한다. 말씀이 막혀 있을 때 감사의 고백을 올리면 다시 영의 눈이 열리기 시작한다. 감사는 염려의 고리를 끊는 영적 열쇠다. 이렇게 감사해보라.

첫째, 과거의 은혜를 기억하며 감사하는 것이다.

예전에 받은 은혜를 기억하며 "하나님, 그때도 도와주셨지요. 아무것도 보이지 않던 시간에도 주님은 길을 여셨습니다. 이번에도 주님이 함께하심을 믿습니다. 감사합니다"라고 고백하는 것이다.

둘째, 현재 상황에서 감사의 이유를 찾는 것이다.

재정이 너무 어려울 때 문득 '그래도 오늘 하루, 세 끼를 먹었다. 아이는 건강하고, 아내는 내 곁에 있다. 지금은 비록 어렵지만, 하나님이 나를 버리신 건 아니다'라는 생각이 들었다. 그래서 "하나님, 이 정도로도 감사합니다. 기도할 수 있고 의지할 하나님이 계시니 감사합니다"라고 기도드렸는데 그 순간, 마음에 묘한 위로가 찾아왔다. 해결은 안 되었지만, 그저 하나님 앞에 감사하니 내 시선이 문제에서 은혜로 옮겨지는 것을 느꼈다.

셋째는 미래에 이루어질 일을 놓고 감사하는 것이다.

교회를 개척한 후 재정도 성도도 다 어려워 염려했다. 믿음이 부족해서 믿는 것이 아니라 믿고 싶은 마음에 불과했다. 그런 내게 감사함으로 하는 기도는 은혜의 첫걸음이었다.

염려의 상황에서 감사함으로 아뢰자 하나님의 평강이 내 마음과 생각을 지켜주셨다. 성경 그대로였다. 감사는 새로운 문을 여는 열쇠다. 어려운 환경에서 믿음으로 감사하는 것을 하나님은 귀하게 보신다.

감사는 선택이다. 그리고 감사를 입술로 고백하다 보면, 어느새 내 눈이 바뀌고 마음이 움직인다. 감사를 시작할 땐 내가 보였지만, 감사를 마칠 땐 하나님이 보인다. 그때 하나님께서 역사하시고, 나를 다시 일으키신다. 그러니 염려가 올 때 기도를 잊지 말고, 기도할 수 없다면 감사부터 시작하라. 그 감사가 결국 마음과 생각을 지키는 하나님의 평강으로 이끌 것이다.

염려를 이기는 3단계

1912년의 타이타닉호 침몰 사고는 약 1,500명이 숨을 거둔 너무도 비극적인 사건이다. 그런데 의아한 것은, 구명보트가 준비되어 있었는데도 일부 승객들이 그것을 타지 않았다는 사실이다. 왜 그랬을까?

그들 가운데는 구명보트의 안전성 자체를 믿지 못한 이들이 있었다고 한다. '혹시 보트가 뒤집히면 바다에 빠져서 얼어 죽는 것 아닌가?'라는 두려움과 염려로 판단력이 흐려져 결국 바르게 대처하지 못한 채 너무도 안타까운 참사를 맞이한 것이다.

그러므로 우리는 염려를 잘 다루어야 한다. 염려가 마음에 찾아올 때마다 가장 먼저 '깨달아야' 한다. 염려는 단순한 생각이 아니다. 그것은 기도를 막고 하나님의 말씀을 흐리게 만들어 우리의 믿음을 방해하는 가장 교묘한 영적 공격이다. 그러니 염려 대신 하나님의 말씀을 마음에 두기로 결단해야 한다.

말씀을 마음 한가운데 두는 사람은 염려의 무게에 짓눌리지 않는다. "주 안에서 항상 기뻐하라", "주 안에서 같은 마음을 품으라" 하는 이 권면은 단순한 도덕적 조언이 아니라, 영적 생존의 열쇠다. 나는 염려가 올라올 때마다 '나는 지금 무엇을 마음에 두고 있는가?'라고 의식적으로 질문한다. 하나님 말씀을 두기 시작하면, 마음에 조금씩 기쁨이 솟기 시작한다. 그 말씀이 내 영을 깨우고, 나를 다시 기도의 자리로 불러주신다.

그리고 나서 감사하는 것이다. 과거에 하나님이 어떻게 인도하셨는지 떠올리며 감사하고, 지금도 나와 함께하시는 하나님을 바라보며 감사하고, 앞으로도 나를 인도하실 하나님을 믿으며 감사하는 것이다. 그 감사의 기도가 내 마음의 시선을 바꾼다. 문제 대신 하나님을 보게 하고, 두려움이 아니라 평안을 누리게 한다.

기도는 감정의 결과가 아니라 결단의 시작이다. 그리고 그 기도 속에서 하나님은 말씀하신다.

"내가 지금 너와 함께 있다."

"네가 염려하는 그 일을 내가 맡고 있다."

"두려워하지 마라. 내가 일하고 있다."

그렇다. 하나님은 지금도 염려의 한가운데서 우리를 위해 일하시고 우리를 평안으로 이끄신다. 그러니 힘을 내고, 기도하자.

"주님, 이 상황에서 기뻐하는 것은 저의 힘으로는 불가능합니다. 그러나 주님 안에 거하며 주님이 주시는 기쁨을 선택하겠습니다. 나의 마음이 염려로 흩어지지 않게 하시고, 주님 안에서 다시 하나로 모이게 하옵소서. 기쁨이 회복되고 기도가 살아나게 하옵소서. 예수님의 이름으로 기도합니다. 아멘."

05

내 영혼을 살리는 믿음의 기도

인생을 살다 보면 누구나 답답하고, 막히고, 힘든 지점을 만나게 된다. 그때 무엇이 우리를 살리고 다시 일어나게 하는지를 아는 것이 정말 중요하다.

내가 경험한 바로는 기도 하나가 모든 것을 바꾸는 역사를 가져온다. 기도 하나로 메마른 영혼이 살아나고 마음이 다시 뜨거워지며 삶 전체가 하나님의 은혜로 충만해진다.

'낙타 무릎'이라는 별명을 얻을 만큼 기도의 사람으로 평생을 살았던 주님의 동생 야고보는 야고보서에서 "믿음의 기도는 병든 자를 구원하리니 주께서 그를 일으키시리라 혹시 죄를 범하였을지라도 사하심을 받으리라"(약 5:15)라고 설명하고, 이어서 기도의 모델로 단 한 사람을 제시하는데 바로 엘리야다.

엘리야가 간절히 기도하니 3년 반 동안 하늘에서 비가 내리지 않았고 다시 기도하니 하늘이 열리고 땅에 비가 내렸다. 정말 놀라운 일이 아닌가? 어떻게 이런 기도가 가능할까?

믿음의 기도는 하늘을 움직이는 기술 이전에, 먼저 하나님의 마음이 있는 자리를 붙드는 기도다. 우리가 기도하기 전에 주님이 이미 먼저 그 자리에 가 계시고, 우리가 포기하고 싶은 그 현장에 주님은 이미 발을 담그고 계신다. 이걸 마음으로 보면 "주님, 이미 거기 계시는군요. 그러면 저도 그 자리에 서겠습니다" 하고 기도가 달라진다.

주님 마음이 있는 곳에 들어가는 기도

사람들은 연풍리를 용주골이라 불렀다. 과거 미군 집창촌이 있었던 그 지역은 세월이 흘러도 여전히 상처의 흔적을 지우지 못한 채 황폐함 속에 놓여 있었다. 낡은 건물들 사이로 혼자 남겨진 노인들이 유난히 많았다. 그곳엔 배고픈 영혼들이 너무 많았다. 그래서 시작한 것이 반찬 배달이다.

그날도 아내는 반찬통을 가득 담은 가방을 들고, 꽁꽁 얼어붙은 골목길을 걷고 있었다. 겨울 추위가 매섭게 몰아치던 날이었다. 바닥은 시커멓게 얼어 있었고, 넘어져서 반찬을 쏟으면 안 되니 한 걸음 한 걸음이 조심스러울 수밖에 없었다. 그래서 아내는 미끄러질까 봐, 실수할까 봐, 고개를 숙인 채 자신의 발끝만 보며 천천히 걸었다.

온 신경을 발밑에 집중하며 걷던 그 순간, "휙" 하고 갑자기 누군가 옆으로 지나갔다. "휙" 하는 바람처럼, 그림자처럼. 소리 없이, 빠르게. 무언가 스쳐 지나가는 기척이 분명히 느껴져 아내는 본능적으로 고개를 들었다. 그리고 그 사람의 뒷모습을, 아니 정확히는 그분의 발을 보았다. 신발이 없었다. 한겨울, 얼어붙은 길 위를 맨발로 걷고 있었다.

아내의 시선이 그 발에 고정되었다. 그 발은 멈추지 않았다. 서두르듯, 바쁘게, 앞으로 향하고 있었다. 그 순간, 아내의 가슴 깊은 곳에서 무언가가 터져 나왔다. 말로 설명할 수 없는 떨림.

'예수님이시구나….'

그분은 한마디도 하지 않으셨다. 그냥 지나가셨을 뿐이다. 하지만 아내의 마음속에 너무나 또렷한 음성이 들려왔다고 했다.

"내가 바쁘다. 이곳에 내가 구원하려는 영혼들이 많다."

그날 이후, 아내는 그 사역에서 게으름을 피울 수 없었다. 힘들어도, 지치고 외로워도…. 그 맨발의 예수님이 먼저 그곳을 걷고 계셨기 때문이다. 주님이 이미 현장에 계셨다. 우리보다 먼저 그곳에서 일하고 계셨다. 상처 입은 발로, 고통을 감당하시며, 바쁘게 영혼들을 찾아다니고 계셨다.

우리가 기도의 자리로 나아가기 전에, 주님은 이미 그 골목을 걷고 계신다. 그러니 믿음의 기도는 없는 길을 만들어달라고 떼 쓰는 것이 아니라 주님이 이미 일하고 계신 자리로 내가 들어가 는 것이다. 주님이 "내가 바쁘다"라고 하실 만큼 구원할 영혼이 많은 현장이라면 우리는 더더욱 무릎 꿇어야 한다. 기도는 현실 을 회피하는 도피가 아니라 주님이 계신 현장으로 들어가는 가 장 빠른 순종이다.

믿음의 기도는 말씀에서 출발한다

많은 날이 지나고 제삼년에 여호와의 말씀이 엘리야에게 임하여 이르시되 너 는 가서 아합에게 보이라 내가 비를 지면에 내리리라 왕상 18:1

어떻게 기도 하나로 자연의 질서까지 움직이는 일이 일어날 수 있을까? 당신도 이런 믿음의 기도를 하고 싶지 않은가? 이 믿음의 기도를 배우고 싶지 않은가? 우리도 이 기도를 배울 수 있다. 영혼을 살리고 세상을 움직이는 '믿음의 기도'를 우리도 충분히 할 수 있다.

보통 우리의 기도는 내 마음속에 있는 소망과 간절한 기도 제 목들을 가지고 하나님께 나아가는 데서 시작된다. 그것도 참으 로 귀하고 복된 일이지만, 믿음의 기도는 조금 다른 출발점이 있다. 믿음의 기도는 언제나 말씀에서 출발한다.

엘리야를 보라. 엘리야는 비를 주시겠다는 하나님의 말씀을 받았다. 결코 가벼운 말씀이 아니었다. 당시는 아합왕이 우상을 숭배하고 하나님의 사람들을 핍박하던 시대였다. 엘리야가 아합 앞에 나간다는 것은 그 자체로 생명을 내어놓는 일이었다. 그러나 엘리야는 그 말씀을 듣자마자 주저하지 않고 곧바로 아합에게 나아가 선포했다.

"올라가서 먹고 마시소서 큰비 소리가 있나이다"(왕상 18:41).

이 얼마나 담대한 말씀의 선포인가! 믿음의 기도는 이렇게 하나님의 말씀을 선포하는 데서 출발하는 것이다.

우리는 '엘리야는 하나님의 특별한 선지자였으니 직접 말씀을 받았겠지. 나는 그저 평범한 사람인데, 어떻게 하나님의 말씀을 직접 들을 수 있을까?' 하고 생각하기 쉽다. 그러나 오히려 엘리야가 말씀을 받던 그 시대보다 지금 이 시대가 하나님의 말씀을 받는 환경이 훨씬 더 좋다고 생각한다. 우리 안에는 성령님이 계시기 때문이다.

우리 안에 거하시며, 우리가 읽는 성경 말씀을 깨닫게 하시고, 주님의 뜻을 생각나게 하시는 성령님 덕분에 우리는 말씀을 펴서 읽을 때도, 예배의 자리에서 설교를 들을 때도, 조용히 앉아 성경을 묵상하며 QT를 할 때도 하나님의 말씀을 받는다. 이것이 얼마나 놀라운 축복인가. 엘리야가 하늘에서 음성을 듣고 살아갔다면, 우리는 우리 안에 계신 성령님의 음성을 날마다 들으며 그 말씀을 붙들고 살아갈 수 있다.

나는 매주 한 말씀을 붙잡고 계속 읊조린다. 언젠가 "바울이 주목하여 구원받을 만한 믿음이 그에게 있는 것을 보고"(행 14:9) 이 말씀을 한 주 내내 계속 되새기며 읊조리다 보니, 어느 순간 내 가슴이 울리기 시작했다. 마치 바울이 전하는 그 복음의 말씀이 내 가슴 깊은 곳까지 스며드는 것 같았다. 그러자 그 깨달음과 감동에서 자연스럽게 기도가 터져 나왔다.

"하나님, 구원받을 만한 믿음이 무엇입니까? 그 믿음을 저에게도 주시옵소서. 저도 그 믿음을 가지고 살게 해주옵소서."

이것이 바로 믿음의 기도가 출발하는 지점이다. 믿음의 기도는 하나님께서 주시는 말씀을 붙잡을 때, 그 말씀이 내 안에 씨앗처럼 떨어져 싹을 틔울 때, 말씀이 내 마음을 치고 감동될 때, 깨달음이 임할 때 그 자리에서 시작된다. 그때는 억지로 기도를 만들어내지 않아도 된다. 기도의 말이 저절로 터져 나온다. 눈물이 나오고, 가슴이 떨리고, 하나님 앞에 무릎이 꿇어진다.

말씀 없이 기도하면 그저 내 소망에 그칠 수 있다. 그러나 말씀에서 출발한 기도는 하나님의 뜻과 연결되고, 하나님의 계획을 이루는 강력한 기도가 된다. 그러니 말씀을 읽어야 한다. 예배 자리에서 들린 말씀을 가볍게 흘려보내지 말고 붙잡아야 한다. 그 말씀을 낮에도 밤에도 읊조리는 것이다. 그러면 반드시 그 말씀에서 믿음의 기도가 흘러나온다. 그때 비로소 우리의 기도는 하나님의 말씀에 닿아 놀라운 능력을 나타낸다.

골방에 들어가는 기도

하나님께서 비를 주신다고 이미 말씀하셨다면 가만히 있어도 저절로 비가 내리지 않겠는가? 그러나 엘리야는 그것으로 끝내지 않았다. 곧장 갈멜산의 꼭대기로 올라가 땅에 무릎을 꿇고 자기 얼굴을 무릎 사이에 넣었다.

그 당시 보편적인 기도 자세는 손을 들고 서서 기도하는 것이었다. 마치 하나님께 보이듯 손을 높이 들고 하늘을 바라보며 기도하는 것이 일반적인 모습이었으나 엘리야는 달랐다. 그는 사람들 눈에 보이도록 기도하지 않았다. 가장 높은 산꼭대기에서 가장 낮은 모습으로 무릎을 꿇고 얼굴을 무릎 사이에 넣었다.

눈에 아무것도 보이지 않고 귀에도 아무 소리가 들리지 않도록 하여 온전히 하나님께만 집중하려는 것이었다. 눈을 감으면 세상의 수많은 형편과 현실이 사라진다. 귀를 막으면 사람들의 소리도, 내면의 불안한 생각도 멀어진다. 오직 하나님께만 귀를 기울이는 자리, 그것이 바로 믿음의 기도가 자리 잡는 골방이다.

너는 기도할 때에 네 골방에 들어가 문을 닫고 은밀한 중에 계신 네 아버지께 기도하라 은밀한 중에 보시는 네 아버지께서 갚으시리라 **마 6:6**

예수님의 이 말씀은 단순히 물리적인 골방을 말씀하신 것이 아니다. 물론 가능하다면 물리적으로라도 골방이 있으면 참 좋다. 그러나 그런 방이 없다고 해도 괜찮다. 중요한 것은 마음의 문을 닫고 세상과 단절된 뒤에 오직 하나님만 바라보는 것이다.

내 마음 깊은 곳에 영적인 골방을 만들면 된다. 차를 몰고 한적한 곳에 가서 기도해도 좋다. 도심 속에서 이어폰을 끼고 말씀을 듣다가 눈을 감고 마음의 골방으로 들어가도 좋다. 어떤 방법이든 세상의 소리에 귀를 닫고, 세상의 유혹에 눈을 감고 온전히 하나님께 마음과 시선을 향하는 것이다.

기도 중에 눈을 감는 이유도 여기에 있다. 눈을 뜨고 있으면 자꾸만 세상과 현실이 보이고, 보이는 형편에 마음이 약해지고 흔들린다. 귀를 열면 사람들의 소리가 들어와 하나님 음성을 가로막는다. 그러니 눈을 감고 귀를 막고, 마음을 하나님의 말씀과 임재 앞에 완전히 내려놓는 것이다. 이것이 바로 골방에 들어가는 기도다.

골방에 들어가 문을 닫는 것은 세상과 단절하는 것이다. 세상의 분주함, 사람들의 평가, 내 불안과 조급함을 문밖에 두고 문을 닫아버리는 것이다. 그 안에서 오직 하나님께만 집중하고 귀를 기울이는 것이다. 그러면 은밀한 중에 보시는 하나님께서 반드시 갚아주신다. 사람들에게 보이려고 하는 기도가 아니라 은밀히 드리는 기도에 하나님이 응답하시는 것이다.

믿음의 기도는 이렇게 골방에서, 오직 하나님께만 귀를 기울이는 자리에서 출발한다. 골방에 들어가 문을 닫고 아무도 없는 그곳에서 하나님만 바라볼 때, 비로소 그 골방은 천국이 되고 하나님과 나만 있는 은밀한 만남의 방이 된다. 그러므로 오늘도 골방으로 들어가야 한다. 그곳에서 믿음의 기도가 시작되고 하나님의 역사가 펼쳐진다.

징조가 보일 때까지 반복해 기도하라

믿음의 기도는 작은 징조가 보일 때까지 반복하여 기도하는 것이다. 엘리야는 비를 주시겠다는 하나님의 말씀을 받은 후에 얼굴을 무릎 사이에 넣고 간절히 기도하고, 그 기도가 끝나자 사환에게 바다 쪽을 보라고 했다.

바다를 살피고 돌아온 사환이 아무것도 보이지 않는다고 했을 때 엘리야는 "그래? 하나님이 알아서 하시겠지" 하고 내려가 버리지 않았다. "아무것도 없나 보다" 하고 낙심하지도 않았다. 오히려 사환에게 "일곱 번까지 다시 가라"(왕상 18:43)라고 말했다.

즉, 그는 기도를 멈추지 않고 또다시 기도하고 또다시 사환을 보내어 확인했다. 같은 행동을 계속해서 반복하게 했다. 여섯 번까지 여전히 아무것도 보이지 않았으나 포기하지 않았다. 반복하여 기도하고 또 기도하며 기다렸다.

마침내 일곱 번째에 사환이 돌아와 "바다에서 사람의 손만 한 작은 구름이 일어나나이다"라고 말하자 엘리야는 확신을 가지고 아합왕에게 큰비에 막히지 않도록 마차를 갖추고 내려가라고 말한다(왕상 18:44 참조). 작은 구름 하나일 뿐이지만 그는 그것을 하나님의 큰 응답으로 받았다. 그 작은 구름을 믿음의 눈으로 보며 이미 쏟아질 큰비를 확신한 것이다.

많은 사람이 "언제까지 기도해야 합니까?"라고 묻는다. 그 질문에 성경은 이렇게 대답한다. "작은 조각구름이라도 보일 때까지 기도하라"라고. 하나님께서 역사하시는 작은 사인, 작은 징조라도 보일 때까지 기도하라는 것이다.

예전에 태백에서 1년 동안 전도사로 사역할 때 주일 새벽예배를 드렸다. 예배 전에 먼저 가서 기도하거나 예배 후에 한참을 기도하곤 했다. 처음에는 무릎을 꿇고 앉아 기도해도 마음이 텅 빈 것만 같고 특별한 것이 느껴지지 않았는데 이상하게도 20분에서 30분 정도 지나면 그때부터 마음이 뜨거워지고 은혜가 임하기 시작했다. 그 주만 그런 게 아니었다. 그다음 주도 마찬가지였다. 30분간 기도하니 또 은혜가 밀려왔다.

어느 주일은 바빠서 기도 시간을 줄였다. 20분도 채 기도하지 못하고 자리에서 일어났더니 마음에 은혜가 오지 않았다. 속으로 '이상하다. 기도 분량이 모자라서 그런가?'라고 생각하고 다음 주에는 다시 30분을 채우며 기도했더니 다시 은혜가 임했다.

그때 '아, 하나님이 은혜를 주실 때까지 기도해야 하는구나. 내가 기도의 시간을 채워야 하나님이 준비하신 은혜가 부어지는구나' 하고 깨달았다. 그 후로는 기도의 자리에 앉으면 하나님의 은혜가 올 때까지, 그 작은 구름이라도 보일 때까지 기도하기로 다짐했다.

기도는 반복이다. 반복해서 기도할 때 내 안에 있던 불신의 찌꺼기들이 빠져나간다. 염려와 두려움, 조급함과 교만이 기도의 시간 속에서 하나씩 씻겨 나간다. 불순물이 다 빠져나가고 정금만 남듯, 내 마음이 점점 순전해진다. 그때 비로소 하나님의 은혜가 깨끗한 그릇 같은 내 마음 위에 부어진다.

엘리야가 일곱 번까지 사환을 보내면서 기다렸던 이유가 바로 이것이다. 작은 구름 하나를 볼 때까지, 하나님이 일하시는 그 사인을 볼 때까지 기다리고 또 기다린 것이다.

믿음의 기도는 여기서 온전해진다. 내 욕심과 불안이 빠져나가고 하나님의 말씀만을 붙잡는 순전한 믿음으로 남을 그때, 하나님께서 비로소 지면에 비를 내리시는 역사를 허락하신다. 그때 우리는 깨닫게 된다. 이 모든 것은 하나님의 약속을 붙잡고 작은 징조가 보일 때까지 멈추지 않고 기도했기 때문에 이루어진 거라는 사실을.

　기도해도 아무것도 보이지 않는다고 낙심하지 말자. 사환이 여섯 번까지 보고도 "아무것도 보이지 않습니다"라고 했을 때 "일곱 번까지 다시 가라" 했던 엘리야처럼 기도하자. 작은 손만 한 구름이라도 보일 때까지, 하나님의 은혜의 징조가 내 마음에 느껴질 때까지 기도하자.

　그때 반드시 하나님의 큰비가 쏟아지게 될 것이다. 반복하며 기도할 때 은혜의 사인은 작게라도 반드시 보이기 시작할 것이다. 그 작은 구름을 볼 때까지 기도를 멈추지 말라! 그러면 하나님의 역사가 당신의 삶에 반드시 이루어질 것이다!

성령 충만과 권능을 받으라

　믿음의 기도를 드리는 사람은 성령 충만과 권능을 받게 된다. 이것이 믿음의 기도를 통해 얻을 수 있는 가장 놀랍고도 복된 결말이다.

여호와의 능력이 엘리야에게 임하매 그가 허리를 동이고 이스르엘로 들어가는 곳까지 아합 앞에서 달려갔더라 왕상 18:46

　여호와의 능력이 임하니 엘리야는 아합의 마차보다 더 빨리 달려 이스르엘에 이르렀다. 허리를 동였다는 것은 달리기 위해 겉옷을 허리띠에 끼워 묶었다는 것이다. 준비된 그에게 여호와의 능력이 임하자 마차를 앞질러 달려가는 초자연적 힘이 나타났다.

믿음으로 기도하면 성령이 임하신다. 성령이 임하시면 권능을 받게 된다. "오직 성령이 너희에게 임하시면 너희가 권능을 받고"(행 1:8)라는 그 말씀대로다.

우리의 몸과 마음이 탈진할 때가 얼마나 많은가. 해야 할 일이 산더미 같은데 도무지 손에 잡히지 않고 마음은 무겁기만 하여 그저 주저앉고 싶을 때가 있다. 사람을 만나기도 싫고, 음식을 먹어도 맛이 없고, 잠을 자도 개운하지 않다. 그저 모든 것이 다 귀찮고 다리가 풀려 움직일 기력조차 없이 힘들 때가 있다.

바로 그때 기도의 자리로 나아가면 하나님은 다시 힘을 주신다. 성령께서 권능을 덧입혀 주셔서 다시 달릴 수 있게 되어 삶의 자리로, 하나님이 맡기신 자리로 또다시 달려가게 된다.

나는 이러한 은혜를 여러 번 경험했다. 기도하다 어느 지점에 이르면 마음이 시원해지고, 눈물이 터지고, 가슴이 환히 열리며, 다시 할 수 있다는 용기가 솟았다. 내 속에서 솟아나는 담대함과 권세, 그것은 내가 가진 것이 아니라 성령께서 부어주신 권능이었다. 그 사실을 깨닫고 나니 내 마음이 얼마나 기쁘고 감격스러웠는지 모른다.

하나님은 살아 계셔서 지금도 말씀을 따라 믿음의 기도를 드리는 자에게 성령의 권능을 주시고, 다시 달리게 하시며, 그 사명을 힘있게 감당하게 하신다. 지금 이 책을 읽는 당신도 그 은혜를 반드시 경험하시기 바란다.

하나님께서 당신에게 성령의 권능을 주셔서 30배, 60배, 100배의 열매를 맺게 하실 것이다. 당신의 삶에서 하나님이 살아 계심을, 그 생생한 역사의 현장을 반드시 보게 하실 것이다.

PART 2

인생의 바닥에서
올리는 기도

06

절망의 끝에서 올리는 진실한 기도

인생이 바닥으로 떨어졌을 때 기도는 어려워진다. 기도해야 한다는 것은 알지만, 정작 무엇을 놓고 기도해야 할지는 모를 때가 있다. 더군다나 그 바닥이 하나님께서 일부러 멈추게 하신 것 같다면 마음이 더욱 복잡해진다. 하나님이 내 걸음을 멈추셨다고 느껴지면 기도의 말문마저 막혀버린다. 그럴 때는 도대체 어떻게 기도해야 할까?

참 힘든 순간에 기도했던 사람이 있다. 삼손이다. 그는 사사 시대의 마지막 사사였으나 그의 생애에서 성경에 기록된 기도는 단 두 번뿐이다. 목이 너무 말라서 물을 달라고 했을 때와 죽음을 눈앞에 둔 마지막 순간이다. 그런데 놀랍게도 그 마지막 기도가 그의 인생을 완전히 바꾸었다. 삼손은 자신의 힘을 비롯해 모든 것을 잃은 상태에서 마지막으로 하나님께 기도했고, 그 기도 속에서 비로소 하나님의 뜻을 바라보게 되었다.

고통을 당해 억울함, 원망, 서러움이 쏟아지고, 하고 싶은 말이 많아질 때 삼손의 마지막 기도는 무척 중요한 사실을 가르쳐 준다. 기도의 전환점은 내 감정이 아니라 하나님을 다시 붙드는 데서 시작된다는 것이다.

삼손은 제힘과 능력으로 살다가 마지막 순간에야 비로소 하나님을 의지했다. 하나님이 주신 힘인데도 그 힘의 주인을 잊고 살다가 눈이 멀고 쇠사슬에 묶여 원수 앞에 섰을 때야 제힘으로는 아무것도 할 수 없다는 사실을 깨닫고 이렇게 기도했다.

"주 여호와여, 구하옵나니 나를 기억하옵소서."

그 기도는 무너진 자리에서 하나님께 다시 의지하는 고백이 진짜 기도라는 것을 보여준다. 삼손의 마지막 기도는 그의 실패 속에서 탄생했다. 비록 늦은 기도지만, 하나님은 그 기도를 들으셨고, 그 한 번의 기도가 삼손이 평생 한 것보다 더 큰 일을 이루었다.

삼손의 마지막 기도가 중요한 이유는 인생이 무너졌어도 하나님께 다시 부르짖는 기도는 역사를 바꾼다는 진리를 보여주기 때문이다. 그의 이야기는 우리가 바닥에 떨어졌을 때 하나님이 듣기 원하시는 기도가 있다는 것을 알려준다.

하나님이 찾으시는 진실한 기도

하나님이 듣기 원하시는 기도는 마음 깊은 곳에서 나오는 '진실한 기도'다.

허물어진 영적 경계심

삼손은 하나님께 드려진 나실인으로, 구별된 인생이었다. 나실인은 시체를 만지는 일, 머리에 삭도(머리털을 깎는 칼)를 대는 것, 포도주와 독주를 마시는 것, 이 세 가지를 절대로 해서는 안 된다. 그런데 삼손은 이 모든 것을 무너뜨렸다. 그것도 의도적이고 반복적으로 아무렇지 않게.

그는 결혼식을 포도원 옆에서 올렸다. 포도원 옆은 당연히 포도도 많고 술도 풍성한 자리인데 나실인이 왜 굳이 그런 장소를 택했을까? 학자들 대부분은 삼손이 그곳에서 포도주를 마셨을 것이라 본다. 그만큼 그의 내면은 영적 경계심이 무너져 있었다.

또한 그는 사자의 주검을 일부러 다시 찾아간다. 죽은 사자의 몸 안에 벌떼와 꿀이 있었다. 삼손이 그 꿀을 손으로 떠서 먹고 부모에게도 나눠주어 그의 부모는 알지도 못한 채 부정한 꿀을 먹게 되었다(삿 14:8,9 참조). 하나님이 금하신 것을 어긴 죄가 가족까지도 오염시켰다. 하나님의 말씀을 가볍게 여기면 죄도 점점 가볍게 여겨진다.

삼손은 결국 들릴라에게 자기 머리카락의 비밀을 털어놓는다. 그것은 곧 하나님의 언약을 스스로 내던진 것이다. 그렇게까지 하게 된 데에는 분명 들릴라의 끈질긴 말의 넘어뜨림이 있었다. 삼손은 처음에는 말을 아끼며 몇 번이나 거짓말로 둘러댔지만 들릴라가 "당신은 나를 사랑한다면서 왜 진심을 말하지 않느냐?"라며 날마다 그를 조르고 또 조르자 결국 지쳐버렸다. 성경은 그 모습을 두고 "그의 마음이 번뇌하여 죽을 지경"(삿 16:16)이라고 표현했다.

사람이 너무 지치고 힘들면 판단력이 흐려지고 하지 말아야 할 말도 하게 된다. 사랑해서 하는 말이 아니라, 말하지 않으면 마음이 터질 것 같아서 그냥 쏟아내는 말도 있다. 바로 삼손이 그랬다. 그는 계속되는 유혹에 마음이 무너져 결코 말해서는 안 될 비밀까지 털어놓고 말았다. 그 한마디가 그의 인생을 무너뜨리는 결정적인 계기가 되었다.

이 사사기 16장에는 삼손의 '진심'이라는 표현이 세 번 나오는데 그 진심은 끝내 인정받지 못했다. 삼손은 자기 마음을 온전히 내어주었지만, 그 마음은 사랑으로 받아들여지지 않았다. 이용당하고 결국 그를 무너뜨리는 도구가 되었다. 이 지점에서 기도의 중요성을 다시금 깨달았다. 삼손은 들릴라의 유혹에 미칠 것 같은 진심을 왜 하나님께 말하지 않았을까?

그의 진심이 하나님이 아니라 사람을 향해 있었다는 점이 참 안타깝다. 그 진심을 들릴라가 아닌 하나님께 쏟아냈더라면 얼마나 좋았을까. 기도는 단순한 감정의 표현이 아니라 삶 전체의 무게와 방향이 담겨 있는 깊은 내면의 고백이다. 진심 없이 살아온 삶에서는 진심 있는 기도가 쉽게 나오지 않는다.

삼손은 하나님의 뜻보다 자기 뜻을 앞세우며 살아갔다. 기도조차도 하나님의 마음을 구하는 것이 아니라 자신의 필요를 채우는 수단이었다. 기도란 하나님께 진심을 드리는 것임을 알지 못했던 그는 늘 자신이 하고 싶은 말만 했고 하나님이 듣기 원하시는 진심은 드리지 못했다. 인생이 완전히 무너지고 모든 것을 잃고 나서야 비로소 그의 입술에서 '진짜 기도'가 흘러나오기 시작한다.

한번은 당근마켓에서 운동화를 하나 샀다. 비싼 운동화로 알려진 제품인데 '다섯 번밖에 안 신은 최상의 상태'라고 소개되어 있고 가격이 저렴해서 얼른 사 왔더니 운동화 옆쪽이 다 해져있었다. 나는 판매자의 말을 진심으로 믿었는데 진실은 달랐다.

문득 "목사님, 호구시네요"라는 말이 내 귀에 들리는 것 같았다. 그때 삼손이 떠올랐다. 조금 저급한 표현일 수 있지만, 삼손도 어찌 보면 '호구'(어수룩하여 이용하기 좋은 사람의 비유)였다. 진심을 다해 말했으나 그 진심은 철저히 이용당하고 말았다. 내가 누군가를 진심으로 대해도 상대가 반드시 진심으로 응답하는 것은 아님을 운동화 사건과 삼손의 삶을 통해 배웠다.

제 진심을 들어주세요

삼손은 배신당한 후에 너무도 놀라운 기도를 드렸다. 아니, 사실은 놀라울 만큼 이상한 기도였다. 보통 때 같으면 "하나님, 들릴라 좀 가만두지 마십시오. 복수하게 해주십시오. 저를 한 번만 살려주시면 제가 어떻게든 하겠습니다"라는 기도를 할 법도 한데 그렇게 기도하지 않았다.

> 삼손이 여호와께 부르짖어 이르되 주 여호와여 구하옵나니 나를 생각하옵소서
> … 삿 16:28

나를 생각하옵소서…. 이 기도를 오래 생각했다. 솔직히 나는 그를 별로 좋게 보지 않았다. 감정적이고 충동적이며 자기중심적인 인물로 여겼다. 하나님께 받은 힘으로 여인들과 어울리고, 사람을 죽이고, 기이한 행동을 일삼았다. 여우 300마리의 꼬리를 매서 불을 붙이고, 나귀 턱뼈로 천 명을 죽이는 장면을 보면 정말 이해할 수 없는 사람 같았다. 그런 삼손이 마지막에 드린 기도가 바로 이거였다.

"주여, 나를 생각하옵소서(please remember me, NASB)."

나를 기억해달라, 나를 잊지 말아달라는 이 기도는 단순한 요청이 아니라 자신의 모든 삶과 상처와 고통을 하나님 앞에 드러낸 진심 어린 고백이었다. "하나님, 제 삶을 아시지 않습니까?

나를 불쌍히 여겨주십시오"라는, 하나님 앞에서 감추지 않은 영혼의 가장 깊은 호소였다.

삼손의 깊은 내면이 쏟아져 나온 이 진심의 기도를 보며 생각해보았다. 삼손은 왜 '부정한' 꿀을 굳이 부모에게 주었을까? 그 꿀이 사자의 주검에서 나온 것을 알면서도 왜 아무 말도 없이 드렸을까? 어쩌면 그 속엔 "아버지, 저는 당신이 기대하는 대로 살 수가 없습니다"라는 외침이 있었는지도 모른다.

나실인으로 태어난 그는 어릴 때부터 제약 속에 자라야 했다. "시체에 가까이 가지 마! 머리에 칼도 대지 마! 술은 절대로 마시면 안 돼!"라는 말을 수없이 들으며 늘 경계하고 절제해야 했다. 그 삶이 너무 벅찼을지도 모른다.

삼손의 부모는 온유하고 훌륭한 사람이었겠지만 부모가 훌륭하다고 자녀가 다 바르게 자라는 것은 아니다. 사람마다 각자의 성격과 내면이 다르지 않은가. 삼손도 자기 안에 쌓인 답답함과 외로움이 있었을 것이다. 그에게는 마음을 나눌 사람이 없었다.

자신의 진심을 받아줄 공간이 없어서 들릴라 같은 사람에게라도 자신의 내면을 쏟아붓고 싶었을 것이다. 그래서 아무에게도 말하지 못한 진심을 결국 이방 여인에게, 그것도 진심을 팔아버릴 사람에게 털어놓고 만 것이다.

힘은 누구보다 강했지만, 그 힘의 비밀조차 말할 수 없었던 그는 외면의 삶은 화려해도 내면은 철저히 외로운 사람이었을 것이다. 내가 삼손이었어도 버티기 어려웠을 것 같다. 그래서 마침내 그는 하나님 앞에서 이렇게 고백한 것이다.

"하나님, 나를 생각해주십시오. 내가 어떤 삶을 살아왔는지 주님은 아시지 않습니까? 주님, 제 마음을 기억해주십시오!"

이것이 곧 우리의 기도이기도 하다. 50대, 60대, 70대가 되어 이 글을 읽는 당신에게서 지금쯤 "하나님, 제가 어떻게 살아왔는지 아시죠? 제 인생을 생각해주세요. 불쌍히 여겨주세요"라는 기도가 나오지 않는가? 가장의 자리를 버텨야 했던 남편도, 남편에게 무시당하며 살던 아내도, 어처구니없는 일들을 겪으며 살아온 인생도, 모두 때로는 지쳐 쓰러질 만큼 버거운 삶이었다.

인생의 끝자락에서 자신을 생각해달라고 드린 이 기도가 나는 '진짜 기도'라고 생각한다. 말을 잘하려고 애쓸 필요도 없다. 진심 하나면 된다. 하나님은 그런 기도를 들으신다. 삶이 너무 버겁고 마음이 가라앉을 때, 그저 이렇게 기도하면 된다.

"하나님, 이게 제 마음입니다. 제 진심을 들어주십시오."

그 진심 어린 기도가 바로 하나님이 듣기 원하시는 기도다.

"너의 진심을 내가 듣기 원한다."

사명을 위한 기도

고난의 바닥에 서면 자연스럽게 "하나님, 도와주세요! 살려주세요! 이 고통에서 건져주세요"라는 기도가 하고 싶어진다. 하지만 하나님은 그 순간에도 우리 안에서 더 깊은 기도를 기다리신다. 그것이 바로 사명을 위한 기도다.

삼손은 처음에 "나를 생각하옵소서"라고 기도했다. 자신을 좀 기억해달라고, 불쌍히 여겨달라고, 내 인생을 외면하지 말아달라는 기도였다. 그런데 두 번째 기도에서는 달라진다.

> … 하나님이여 구하옵나니 이번만 나를 강하게 하사 나의 두 눈을 뺀 블레셋 사람에게 원수를 단번에 갚게 하옵소서 하고 삿 16:28

단순한 복수의 기도가 아니다. 삼손이 처음부터 맡았던 사명은 이스라엘을 블레셋으로부터 구원하는 것이었다. 즉, 하나님이 그를 사사로 부르신 본래 목적을 그는 이 마지막 순간에 비로소 붙잡은 것이다.

지금까지의 삶은 사명을 따라 살았다고 보기는 어렵다. 그의 생애는 방탕했으며 자기 뜻대로 살았다. 술에 취하고, 정욕에 끌려다니고, 기이한 행동을 반복했다. 하나님께서 주신 힘을 사람 죽이는 데 쓰고 여인들과 어울리는 데 소비했다. 그런 삶을 보고 계시던 하나님의 마음이 얼마나 아프셨을까?

그러나 삼손은 마지막 순간에 자신의 사명을 떠올린다. "하나님, 제가 감당해야 할 그 일을 하게 하소서"라는 기도야말로 사명을 위한 기도다. 이 기도는 하나님이 듣기 원하시는 기도였다. 자신의 성공을 위한 것이 아니라, 하나님의 뜻이 이루어지길 바라는 간절한 기도였기 때문이다.

삼손은 나면서부터 나실인이었다. 태어나면서부터 힘이 주어졌고 그 힘은 한 번도 그를 떠난 적이 없었다. 그러다가 처음으로 그 힘이 사라졌다. 그 순간 깨닫게 된다. 늘 힘이 있었기에 당연한 줄 알았지만, 그 힘은 자기 것이 아니라 하나님이 주신 것이었다는 것을. 늘 곁에 있던 것이 없어진 후에야 그 소중함을 비로소 깨달은 삼손은 "이번만 저를 강하게 하옵소서. 그 힘을 통해 하나님께 영광을 돌리게 하옵소서"라고 구했다.

나는 이 대목을 묵상하며 '하나님이 삼손을 이 땅에 보내실 때 분명한 계획과 뜻이 있었을 것이다. 그렇다면 나를 이 땅에 보내신 하나님의 뜻은 무엇일까?'라는 생각을 해보게 되었다.

살다 보면 어쩔 수 없이 현실에 떠밀려 살게 된다. 생계를 위해 먹고사는 일에 몰두하다 보면 삶이 바빠지고 하나님이 나를 왜 이 땅에 보내셨는지를 깊이 생각하지 못하게 된다. 그러나 하나님은 여전히 우리의 사명을 기억하고 계시며 그 사명을 위한 기도가 우리 입술에서 터져 나오길 기다리신다.

내 삶을 돌아봐도 그랬다. 나는 학생 시절에 지금의 아내를 위해 기도했다. 왜인지 모르게 한 달 동안 "하나님의 뜻이라면 저 아이와 결혼하게 하시고 함께 교회를 섬기게 해주세요"라는 기도가 나왔고, 감사하게도 그때의 그 아이가 지금 내 아내가 되어 함께 교회를 섬기고 있다.

신학대학교에 들어가기 전에도 "하나님, 이 길이 하나님의 뜻이라면 제 마음에 평안을 주세요"라고 기도했다. 하나님은 정말로 내게 평안을 주셨고 그 덕분에 나는 신학의 길을 걸을 수 있었다. 교회를 개척할 때도 "하나님이 원하시는 때에, 하나님이 원하시는 방법과 원하시는 장소에 하나님의 교회가 세워지게 하소서"라고 기도했고 하나님은 그렇게 인도하셨다.

예수님이 겟세마네 동산에서 기도하실 때 너무 힘들고 지친 순간, 하나님은 천사를 보내 힘을 더해주셨다. 돌아보면 나도 그렇다. 하나님이 힘을 주신 일만 계속할 수 있었고, 그 힘이 부어진 일이 결국 '사명'이었다. 반찬 나눔 사역, 하가다 사역(하가다는 히브리어로 '읊조리다, 묵상하다'라는 뜻이다. 성경 말씀을 입으로 읊조리는 것이다. 밥을 입으로 먹어 몸이 건강해지는 것처럼 말씀을 입으로 읊조리면 영이 강건해진다), 교회 개척, 이 모든 길이 내 뜻대로 된 것이 아니라 하나님이 힘을 주셨기에 가능했다.

사명을 위한 기도는 하나님의 뜻 안에 있기 때문에 하나님의 응답이 있다. 그래서 나는 오늘도 이렇게 기도한다.

"하나님, 제가 어디로 가야 할지 잘 모릅니다. 그러나 하나님이 이끄시는 길로 가고 싶습니다. 하나님이 힘을 주시는 그 길이 저의 사명의 길인 줄 알겠습니다."

내 눈에는 낯설고 두렵게 보일지라도, 하나님께서 힘을 주시고 용기를 더해주신다면 그 길이 내 인생의 목적과 사명이 된다.

아무것도 할 수 없을 때 하는 기도

아무것도 할 수 없을 때 기도해야 한다. 이 진리는 삼손의 마지막 모습을 통해 분명하게 드러난다. 삼손은 인생의 바닥까지 내려갔다. 눈은 뽑혔고, 머리카락은 잘렸고, 힘은 사라졌고, 감옥에서 맷돌을 돌리며 죽음을 기다리는 자가 되었다. 죽음을 앞둔 삼손에게 가장 아쉬웠던 것은 하나님이 주신 사명을 더 감당하지 못한 것이었다.

나도 가끔 생각한다. 죽음을 앞둔 날, 내가 가장 후회할 것은 무엇일까? 더 많은 물질을 남기지 못한 것도, 더 좋은 위치에 오르지 못한 것도 아니다. 내게 주신 하나님의 비전에 더 열심을 내지 못한 것, 하나님이 맡기신 사명에 더 헌신하지 못한 것이 가장 아쉬울 것 같다.

아무것도 할 수 없는 자가 되고 남은 것은 절망뿐인 그 바닥에서 삼손은 기도했다. 사명을 외면했던 그가 이제는 사명을 붙잡고, 그 사명을 위해 다시 한번 힘을 달라고 기도했다. 그 기도에는 어떠한 미사여구도 없었다. 죽음을 앞에 둔 자가 마지막으로 내뱉을 수 있는 가장 진실한 고백이었다.

삼손은 두 기둥 사이에 서서 "이번 한 번만, 하나님" 하며 마지막 기도를 드린 후 온 힘을 다해 몸을 굽혔다. 그 집이 무너졌고 그 안에 있던 모든 블레셋의 방백과 백성들이 함께 쓰러졌다. 이를 두고 성경은 삼손이 죽을 때에 죽인 자가 살았을 때에 죽인 자보다 더욱 많았다고(삿 16:30 참조) 말씀한다.

삼손은 죽었으나 그 무너짐 속에서 하나님의 역사는 일어났다. 삼손은 실패했지만, 하나님은 실패하지 않으셨다. 삼손은 무너졌지만, 하나님은 그를 통해 하나님의 뜻을 이루셨다.

이 말씀이 내게 위로가 되었다. 내가 실패한 것이지 하나님이 실패하신 건 아니었다. 나는 실수했어도 하나님은 실수하지 않으셨다. 하나님은 우리의 실패와 실수를 통해서도 일하신다.

책을 써가는 과정에서 "목사님, 실패담을 쓰세요. 그래야 사람들이 더 감동을 받습니다"라는 조언을 들은 적이 있다. 부끄럽기만 한데 왜 실패한 이야기를 쓰라고 하는지 처음에는 그 말을 이해하지 못했는데 나중에야 그 이유를 깨달았다.

내가 실패한 이야기 속에서 사람들은 자기를 본다. "목사님, 저도 그래요. 화를 참지 못해 마지막에 실수했어요. 그 일 때문에 재산을 잃고, 관계가 깨지고, 하나님의 영광을 가린 적도 있어요"라는 고백이 흘러나오면서 은혜가 임했다. 실패담은 나만의 것이 아니었다. 하나님이 내 실패를 통해 다른 사람에게 위로와 회복을 주시는 통로가 되었다.

목회하면서도 실수할 때가 종종 있다. 건물을 옮기려고 협의하던 중 상대편 목사님의 이해할 수 없는 조건에 감정이 상한 적이 있다. 전화해서 따지려는 나를 집사님이 "지금은 전화하시면 안 됩니다. 감정이 격해졌을 때는 아무것도 하지 마세요"라며 말렸지만, 감정을 절제하지 못한 나는 전화를 걸었고 결국 그 목사님과의 관계가 어긋나고 말았다. 뒤늦게 자책이 밀려왔다.

'내가 그러지 말았어야 했는데… 내가 조금만 참았더라면….'

그러나 하나님은 그 연약함조차 사용하셨다. 성도들은 내 실패담에 공감했고 위로를 받았다. "목사님, 저도 그랬어요" 하는 그 고백 속에 다시 일어섰다.

때로는 설교 준비가 힘들 때가 있다. 이걸 전해야 하나 싶을 정도로 낙심이 된다. 그런데 강단에서 설교를 시작하면 은혜가 임한다. 하나님이 함께하시고 성도들이 기도하고 있기 때문이다. 하나님은 이렇게 말씀하신다.

"내가 너의 넘어짐을 통해서도 일할 수 있다. 내가 너의 쓰러짐을 통해서도 너를 쓸 수 있다. 내가 너의 무너짐을 통해서도 영광을 받을 수 있다."

하나님은 모든 것을 합력하여 선을 이루시는 분이다. 당신이 지금 무너지고 실패한 자리에 있다면, 삼손처럼 집과 함께 쓰러진 인생처럼 느껴진다면, 하나님은 이렇게 말씀하실 것이다.

"너는 실패자가 아니다. 나는 너와 함께 있다. 왜 나를 보지 못하느냐? 나를 믿고 의지하여라. 내가 너를 다시 일으킬 수 있다. 내가 너를 도울 수 있다."

그렇다면 우리는 실낱같은 기도라도 드려야 하지 않겠는가?

"하나님, 제 믿음이 부족하지만, 하나님을 의지하고 살아가겠습니다. 하나님을 의지하고 다시 일어서겠습니다."

하나님은 그런 기도를 듣기 원하신다. 그 기도가 바로 아무것도 할 수 없는 절망의 밑바닥에서 드리는 진실한 기도다.

삼손의 삶은 철저히 무너진 한 인간의 이야기이지만, 그 안에는 우리가 배워야 할 기도의 본질이 담겨 있다. 삼손은 마지막 순간, 손도 발도 묶인 그 자리에서 자신의 진심을 하나님께 드러내며 호소했고, 사명을 붙잡았으며, 기도밖에 할 게 없을 때 기도했다. 그러나 바로 그 자리에서 하나님의 역사는 시작되었다.

기도만 할 수 있는 그 자리, 그곳이 가장 위대한 변화가 일어나는 자리다. 하나님은 반드시 우리의 기도를 들으시고 은혜를 주실 것이다. 지금도 소망을 주시고 믿음을 더하신다. 그러니 낙심하지 말라. 오늘 다시 하나님을 바라보라. 하나님은 반드시 힘을 주시고 우리를 다시 일으켜 세우실 것이다.

07

낙심 속에서 올리는 인내의 기도

감당하기 힘든 문제들이 밀려오고 도무지 풀릴 기미가 보이지 않을 때면 지치고 낙심하게 된다. 그럴수록 더욱 기도해야 하지만, 정작 그런 순간에는 기도가 막히는 것처럼 느껴질 때가 많다. 기도는 호흡이라고 하지만, 막상 기도가 멈춰진 것처럼 느껴질 때, 우리는 어디서부터 다시 시작해야 할지조차 막막해진다. 기도하다가 지쳤을 때는 어떻게 극복해야 하는가? 이 질문은 기도하는 사람이라면 실제로 부딪히게 되는 현실적인 문제다.

바로 그때, 예수님은 우리에게 지치지 말고 항상 기도하라고 말씀하신다. 단순히 위로만 하시지 않고, 실제로 기도가 막히는 순간에 어떻게 기도해야 하는지, 그 구체적인 길을 비유로, 말씀으로, 모범으로 우리에게 가르쳐주셨다.

누가복음 18장에는 재판장과 과부가 등장한다. 재판장은 권력을 가진 인물이다. 문제를 해결할 수 있는 위치에 있지만, 성품은 전혀 선하지 않다. 성경은 그를 "하나님을 두려워하지 않고 사람을 무시하는 한 재판장"(눅 18:2)이라고 말씀한다. 그에 반해 과부는 사회적 약자였고 도와줄 사람도 없는 외로운 인물이었다. 한쪽은 힘을 가졌으나 성품이 나쁜 재판장이고 다른 한쪽은 속상한 문제를 가진 너무나도 연약한 여인이었다. 예수님은 바로 이 여인을 통해 기도의 핵심 원리를 가르치신다.

주님께 문제를 가지고 나아가라

기도의 첫걸음은 단순하다. 지금 내 앞에 있는 그 문제를 가지고 예수님에게 나아가는 것이다.

> 그 도시에 한 과부가 있어 자주 그에게 가서 내 원수에 대한 나의 원한을 풀어주소서 하되 눅 18:3

여기서 중요한 두 가지 사실을 본다.
첫째, 과부는 그 문제를 가지고 재판장에게 나아갔다.
둘째, 과부는 한 번이 아니라 '자주' 나아갔다.
과부라고 해서 모두 재판장에게 가는 것은 아니다. 누가복음

17장에 열 명의 나병 환자가 등장하지만, 치유를 받고 돌아온 사람은 오직 한 명이었다. 문제가 있다고 모두 주님께 나아가는 것은 아니다. 오히려 대부분은 문제 앞에서 주저앉는다.

'이 문제를 누가 도와줄 수 있을까? 나를 알아주는 사람도 없고 도와줄 사람도 없다'라는 생각이 들면 우리는 멈추고 만다. 그러나 예수님은 문제를 가지고 나아오라고 말씀하신다. 설령 불의한 재판장에게라도 끝까지 나아가야 한다. 물론 우리는 불의한 재판장에게 가는 것이 아니다. 우리가 기도하는 대상은 선한 재판장이시다.

중요한 것은, 하나님은 문제를 풀 수 있는 권세를 가지신 분이라는 사실이다. 그러므로 문제 앞에서 주저앉지 말고, 그 문제를 안고 하나님께 나아가야 한다. 과부가 잘한 것은 문제를 가지고 나간 것이고, 더 잘한 것은 끊임없이 나아갔다는 점이다. 그렇게까지 계속 나아간 이유는 단 하나, 그 재판장이 문제를 풀어줄 수 있다고 믿었기 때문이다.

기도가 깊어지고 낙심을 이기려면 반드시 '하나님은 지금도 내 문제를 푸실 수 있는 분이다! 하나님은 능치 못하심이 없는 분이다! 지금 내가 가진 이 문제조차도 하나님은 해결하실 수 있다!'라는 믿음이 있어야 한다. 이 믿음은 막연한 낙관이 아니라 정확한 응답으로 더 단단해지기도 한다.

하나님이 정확히 응답하실 때

조이하우스 사역을 처음 시작했을 때는 모아둔 여유 자금도 없고, 까마귀를 통해 먹이신다는 말씀처럼 정말 하루하루 필요한 만큼만 하나님이 채워주시는 시기였다.

어느 날, 한 임산부가 아내를 찾아와 "사모님, 곧 아기가 태어나는데 출산용품이 하나도 없어요"라고 말했다. 아내는 있는 돈을 긁어모아 함께 마트에 갔다. 기저귀, 분유, 배냇저고리 등 아기에게 필요한 것들을 장바구니에 담아 계산대로 갔다.

주머니에 있던 돈을 몽땅 내고 밖으로 나오려는데, 그 엄마가 조심스럽게 말했다.

"사모님…, 겉싸개는 못 샀어요."

아내는 그 말을 듣고도 더는 무엇을 꺼낼 수 없었다. 정말로 돈이 한 푼도 남지 않았기 때문이다. 그래서 "오늘은 여기까지예요. 너도 봤지? 우리가 가진 돈은 다 썼어. 이건 이제 하나님께 기도해야 해"라고 말할 수밖에 없었다. 집으로 돌아오는 길에 아내는 계속 마음속으로 기도했다고 한다.

'하나님, 예수님도 누우실 곳이 없어 구유에 누우셨고, 강보에 싸여 첫날밤을 보내셨잖아요. 그런데 이 아프리카 친구는 겉싸개조차 없습니다. 제가 사주고 싶은데 지금 가진 돈이 없습니다. 주님, 도와주세요.'

다음 날 새벽기도에 나온 아내는 본당 옆 장의자 근처에서 커

다란 주머니 하나를 발견했다. 이상해서 열어보니, 그 안에 새 겉싸개가 들어 있었다. 아무 표시도 없어 누구의 것인지 알 수 없는, 그저 누군가 보낸 겉싸개였다.

아내는 그 순간 알았다. 이 겉싸개의 필요를 아는 사람은 그 엄마와 아내뿐이고, 그 중간에 오직 하나님만 계셨다는 사실을. 그래서 이 일은 사람의 배려나 우연이 아니라 하나님이 직접 움직이신 간섭이라고 고백할 수밖에 없었다. 아내는 그 주머니를 들고 오면서 계속 중얼거렸다고 한다.

"주님, 감사합니다. 정말 주님이 보내주셨네요."

그날 우리는 다시 배웠다. 정말 필요해서, 정말 배고파서 드리는 기도에는 하나님이 정확하게 응답하신다는 사실을….

듣고 말함으로 먼저 은혜를 받는다

사실 이 믿음이 생기는 것은 생각보다 어렵다. 병원에서 의사가 갑작스럽고 심각한 이야기를 전해오면 마음이 무너져버린다. 시험 성적표가 나왔을 때, 통장을 열어봤을 때, 그 현실이 너무 분명하게 눈에 들어오고 귀에 들리면 사람은 금세 주저앉게 된다. 그것이 우리의 연약함이다. 그러나 그 모든 문제도 주님은 푸실 수 있다. 정말이다. 이 사실을 믿어야 한다.

"어떻게 제가 그런 믿음을 가질 수 있습니까? 저는 아직 믿음이 없는데요"라고 말하는 사람도 있을 것이다. 그러나 성경은

"믿음은 들음에서 나며 들음은 그리스도의 말씀으로 말미암았느니라"(롬 10:17)라고 분명히 말씀한다. 결국 말씀을 들어야 믿음이 생긴다. 자기 귀에 들리도록 하나님의 말씀을 계속해서 들어야 한다.

내가 너희에게 이르노니 속히 그 원한을 풀어주시리라 ··· 눅 18:8

주님은 속히 갚아주신다고 하셨다. '속히'는 단순히 시간이 짧다는 의미만이 아니다. 오랫동안 응답이 없는 듯 보이다가도 하나님의 때가 이르자 순식간에, 홀연히 임하는 것을 뜻한다. 마치 고요하던 하늘에서 갑자기 번개가 치듯 전혀 예상하지 못한 시간에 하나님의 역사가 임하는 것이다.

항상 좋은 것을 먼저 주시는 하나님은 믿음을 주시기 위해 은혜를 먼저 주신다. 어떻게 은혜를 먼저 주시는가? 이 말씀을 읽는 바로 이 순간을 통해서다. "속히 그 원한을 풀어주시리라" 이 은혜의 말씀을 귀로 듣고 마음에 새겨야 한다. 믿음은 들음에서 나오며, 들은 말씀은 다시 입으로 읊조리며 살아 움직인다.

"맞아, 나는 못 하지만 하나님은 하실 수 있어!"

이 고백이 입에서 흘러나오기 시작하면, 그 말씀은 살아 역사하기 시작한다. 말씀은 하나님의 감동으로 기록된 것이기에, 듣는 자에게 실제로 능력을 일으킨다. 마음에 빛이 비치고 어둠이 물러나며 절망이 사라지기 시작한다.

물론 어떤 상황에서는 "이건 절대 안 돼. 절대 풀리지 않아"라고 말하고 싶을지도 모른다. 하지만 오히려 정반대다. 절대로 풀 수 있다! 주님은 하실 수 있다! 이것을 믿어야 한다. 그러니 당신의 문제를 가지고 주님께 나아가라!

끝까지 믿음으로 기도하라

포기하지 않고 끝까지 믿음으로 기도해야 한다. 불의한 재판장이 얼마 동안은 과부의 간청을 듣지 않았다.

그가 얼마 동안 듣지 아니하다가 … 눅 18:4

이 "얼마"는 짧은 시간이 아닐 수 있다. 실제로는 생각보다 훨씬 긴 시간일 수 있다. 그렇다면 이 과부는 그 시간 동안 무엇을 했을까? 계속해서 재판장을 찾아갔다. 그의 집 문을 두드리고, 법정 앞에서 기다렸을 것이다. 과부가 처음부터 그를 직접 만날 수 있었겠는가? 아마 여러 번 쫓겨났을 것이다. 불의한 재판장은 지역사회에서 권위자였고 그 밑에 수많은 하급 관리가 있었다. "안 됩니다, 돌아가세요. 왜 이렇게 시끄럽게 구십니까? 여기서 이러시면 곤란합니다"라고 면박과 무시를 당했을 것이다.

그러나 과부는 부하들에게 막히고 무시당하면서도 포기하고 돌아가지 않았다. 물러서지 않고 그 자리를 지키며 끝까지 재판장에게 간청했다. 이 장면은 주님이 원하시는 기도의 태도를 정확히 보여준다. 이 과부와 수로보니게 여인(마 15장 참조)의 이야기를 통해 예수님은 기도의 진짜 핵심을 말씀하신다.

"물러가지 마라. 포기하지 마라."

기도는 그냥 한번 해보는 시도가 아니라 믿음을 가지고 끝까지 붙드는 싸움이다. 낙심되는 현실 앞에서 물러가지 않고 오히려 더 하나님께 나아가는 것이 기도의 열쇠임을 주님은 분명히 말씀하신다.

물러나서 기도 제목을 쉽게 바꾸지 말라

하지만 기도 응답이 안 되는 것처럼 느껴질 때도 많다. 오늘도 기도했고 내일도 기도할 것이지만 그때마다 아무 응답이 없는 것 같으면 마음은 무너지고 낙심하게 된다. 이 과부처럼 오늘 가서 두드려도 안 되고, 내일 가서 또 두드려도 아무 반응이 없고, 모레도 마찬가지일 때, 그 반복되는 침묵 가운데 우리는 기도 제목을 스스로 깎기 시작한다. 하나님이 듣지 않으실 것 같은 기도는 다 지우고 응답받을 것 같은 기도만 남기려 한다. '들을 만한 기도', '말이 되는 기도'로 바꿔버린다.

그런데 그 순간에 우리는 '기도의 거친 야성'을 놓치게 된다.

하나님을 붙드는 간절한 믿음, 거절당해도 다시 엎드리는 집요한 의지, 모든 기도의 인내가 다 사라져 버리는 것이다. 우리는 그 자리를 스스로 포기하고 만다. 그러나 나는 기도 제목을 쉽게 바꾸지 말라고 말하고 싶다. 앞서 '새벽의 겉싸개'와 같이 응답은 정확히 오기 때문이다.

그가 얼마 동안 듣지 아니하다가 후에 속으로 생각하되 … 눅 18:4

얼마 동안 과부의 부탁을 들어주지 않던 재판장이 후에 속으로 생각했다고 한다. 응답이 늦어진다고 해서 기도가 헛된 것이 아니다. 오히려 그 안에 하나님이 기르시는 '인내'의 시간이 있다. 과부는 그 시간 속에서도 믿음을 잃지 않았다. 끝까지 포기하지 않고 계속 찾아간 결과, 마침내 재판장의 마음을 움직였다.

우리는 스스로 이렇게 물어야 한다.

"나는 과연 끝까지 기도해본 경험이 있는가?"

하나님이 내 기도에 곧장 응답하시지 않으면 쉽게 포기하는데, 그때는 오히려 하나님의 깊은 뜻을 배우는 시간임을 알아야 한다. 기도가 응답되지 않을 때, 하나님은 침묵 속에서도 우리를 가르치고 계신다. 그러니 기도를 멈추고 기도 제목을 바꾸기 전에 그 자리에서 더 깊이 하나님의 뜻을 구해야 한다.

응답의 지연은 인내가 열매 맺는 시간

바로 그 지점에서 "내 형제들아 너희가 여러 가지 시험을 당하거든 온전히 기쁘게 여기라"(약 1:2)라는 말씀이 우리를 이끌어준다. 기도의 지연, 응답이 없는 기다림 또한 영적 훈련이다. 기도하면서 겪는 낙심과 침묵, 좌절 또한 하나님이 허락하신 훈련의 자리다. 그 모든 훈련 속에서 얻게 되는 열매는 인내다.

이는 너희 믿음의 시련이 인내를 만들어 내는 줄 너희가 앎이라 **약 1:3**

믿음의 시련은 곧 인내를 낳는다. 기도 응답이 더딜수록 그 안에서 하나님은 우리의 인내를 끌어 올리신다.

인내를 온전히 이루라 이는 너희로 온전하고 구비하여 조금도 부족함이 없게 하려 함이라 **약 1:4**

기도가 응답되지 않는 순간은 끝이 아니라 믿음이 온전하게 세워지는 과정의 한 부분이다. 하나님은 우리의 기도를 외면하시는 게 아니라, 그 기도 안에서 우리를 다듬고 인내로 성숙하게 하신다. 인내가 완성될 때 우리는 부족함 없는 사람으로 세워지게 된다. 그때는 응답만 받은 것이 아니라, 하나님의 마음과 성품을 닮는 사람이 된다.

오해하지 말 것이 있다. 기도 응답이 지연된다고 해서 하나님이 우리를 시험하시거나 일부러 괴롭히시는 것은 아니다. 그런 생각은 오해다. 하나님은 "너는 인내를 배워야 하니, 나는 네 기도에 응답해주지 않겠다"라고 하시는 분이 아니다.

기도하면서 내가 미처 생각하지 못했던 것은, 하나님께도 시간이 필요하다는 사실이다. 하나님은 전능하시지만, 그 능력으로 사람을 억지로 부수시지 않는다. 하나님은 마음을 억지로 꺾거나 깨뜨리시지 않고 은혜로 변화시키시는 분이다.

하나님은 나를 그냥 무너뜨리거나 정죄하지 않으셨다. 사람을 통해 권면하시고, 기다려주시고, 조금씩 변화되도록 오래 참으며 인도하셨다. 하나님이 침묵하시는 시간이 마냥 훈련의 목적이 아니라 그 사람을 위한 기다림의 시간일 수 있다. 그래서 때로는 하나님께도 응답하기 위해 애쓰시는 시간이 필요하다.

하나님의 타이밍은 완벽하다. 그 시간이 내게는 지체되는 것처럼 느껴질지라도 하나님은 그 속에서 모든 것이 합력하도록 일하고 계신다. 그렇다면 내 편에서는 무엇을 배워야 할까? 그 시간이 지나도 기도를 포기하지 않는 태도다. 기도를 중단하면 결국 인내를 온전히 배우지 못하게 된다. 끝까지 기도해야 하나님께서 원하시는 인내의 완성을 이룰 수 있다.

우리에게도 하나님께도 시간이 필요하다

끝까지 기도할 때 인내뿐 아니라 믿음도 연단된다. 기도는 주시기로 약속된 영역이다. 다만 한 가지 조건이 있다. 오직 믿음으로 구하고 조금도 의심하지 말아야 한다.

오직 믿음으로 구하고 조금도 의심하지 말라 의심하는 자는 마치 바람에 밀려 요동하는 바다 물결 같으니 **약 1:6**

의심은 기도의 가장 큰 적이다. '하나님이 내 기도를 안 들으시는 건 아닐까? 기도 제목을 바꿔야 하는 건 아닐까?' 하는 의심은 기도 제목을 스스로 꺾게 하고, 결국은 멈추게 만든다. 그렇게 되면 어떤 일이 일어나는가?

이런 사람은 무엇이든지 주께 얻기를 생각하지 말라 두 마음을 품어 모든 일에 정함이 없는 자로다 **약 1:7,8**

성경은 의심하는 자들에게 "무엇이든지 주께 얻기를 생각하지 말라"라고 말씀한다. 믿음 없이 의심하는 사람은 하나님께 아무것도 얻지 못한다는 것이다. 기도는 믿음으로 나아가는 것이며 응답이 지연되어도 끝까지 하나님을 신뢰하며 인내하는 일이다. 인내하며 기도하는 자에게 하나님은 반드시 응답하신다. 때로는 기다리게 하실 수 있지만, 그 시간 안에서도 우리를 변화시키고 계신다.

오래전, 나는 군에서 제대하고 나서 대학 입시를 준비했다. 그때는 기도도 제대로 하지 못했고 예배도 드리지 않았다. 스스로 너무 부족하다고 느꼈다. 하나님 앞에 부끄러운 마음도 있었고 내 믿음이 모자란 것도 분명했다. 그래서 제대로 기도하지도 못하고 그저 마음만 조급한 시간을 보냈다.

그런 내게 하나님이 은혜를 주셨다. 함께 공부하던 분을 통해 예배를 드리게 하셨다. 처음에는 억지로 끌려갔으나 하나님은 차차 예배할 수 있는 마음을 주셨고 기도하게 하셨다. 하지만 성적은 쉽게 따라오지 않았다. 6개월이 되도록 아무리 노력해도 성적이 오르지 않았다. 기도하고, 예배드리고, 마음을 다해 공부해도 계속 정체되자 '내가 이렇게까지 했는데, 왜 변화가 없지?' 하고 좌절이 찾아왔다.

그러다 어느 시점부터 조금씩 변화가 시작되었다. 아무리 들어도 뿌옇기만 하던 개념들이 서서히 정리되면서 강의가 이해되고 점차 성적이 오르기 시작했다. '하나님이 나를 도우시는구나! 하나님이 살아 계시고 내 길을 인도하고 계시는구나!' 하는 깨달음이 왔다. 특히 내가 신학을 공부하려는 것을 아시고 그 방향으로 은혜를 주시는 것처럼 느껴졌다.

그해는 전기와 후기로 시험이 나뉘어 있었다. 전기 시험에서 원하는 만큼 점수가 나오지 않았는데 평소와는 다른 반응이 나왔다. 보통은 시험이 끝나면 며칠은 멍해져 공부가 손에 잡히지 않고 결과 발표 전까지는 집중도 잘 안되는데 이상하게도 그날은 시험을 보고 바로 학원에 갔고, 곧바로 공부가 손에 잡히고 집중이 되었다. 마음 한쪽에서 하나님이 나를 이끌어주시는 듯한 느낌이 지금도 생생하다.

그 후 후기 시험에 합격했지만, 더 큰 은혜는 하나님께서 내게 주신 변화였다. 하나님은 단지 학교에 합격하는 결과만이 아니라 공부에 집중하는 은혜, 인내하는 마음, 믿음을 잃지 않고 기도하는 습관을 주셨다. 그것은 마치 물고기를 잡아주는 게 아니라 물고기 잡는 법을 가르쳐주신 것과 같았다.

하나님이 나와 함께하신다는 사실, 내가 기도의 자리에서 인내하며 버틸 때 하나님은 반드시 일하고 계신다는 진리를 그때 배웠다. 그래서 그 이후 내 길이 달라졌다. 어떤 시험을 보든 어떤 준비를 하든, 믿음과 인내 안에서 준비할 수 있는 내면의 힘이 생겼다.

기도는 사라지지 않는다

우리는 종종 결과만 보고 판단한다. 기도했는데 원하는 대로 되지 않으면 "안 된 것이다"라고 결론을 내려버린다. 하지만 예수님은 그렇게 말씀하지 않으셨다. 기도 응답이 지연되거나 다른 모양으로 나타나더라도 그것은 끝이 아니다. 응답되지 않았다고 해서 그 기도가 무의미한 것은 아니다.

내가 붙잡았던 기도 제목이 결과적으로 실패로 보일 수 있다. 입시를 준비할 때 성적은 오르지 않고, 시험에서 떨어지고, 기대했던 결실은 나타나지 않았다. 하지만 하나님은 그 과정 가운데 기도하며 공부할 힘을 주셨고, 포기하지 않고 견디게 하셨고, 믿음을 잃지 않게 붙드시며 놀라운 은혜를 계속 부어주셨다. 이런 은혜는 신앙생활 가운데서도 수없이 나타난다.

하나의 기도 제목을 붙들고 끝까지 가야 한다. 상황이 아무리 절망적으로 보이고, 사람들이 뭐라 하고, "이건 폐쇄적인 거 아니야?"라며 비웃는 소리가 들리더라도 믿음으로 계속 가야 한다.

다윗은 말도 안 되는 상황 속에서도 끝까지 기도했다. 밧세바를 범한 후 아들을 낳았으나 하나님은 나단 선지자를 통해 그 아들이 죽을 것이라고 말씀하셨다. 이쯤 되면 보통 사람들은 그 말씀을 하나님의 뜻으로 받아들이고 포기할 텐데 다윗은 그 상황에서도 기도를 시작한다.

다윗이 그 아이를 위하여 하나님께 간구하되 다윗이 금식하고 안에 들어가서 밤새도록 땅에 엎드렸으니 **삼하 12:16**

하나님이 이미 죽을 것이라고 말씀하셨는데도 그는 포기하지 않고 간절히 기도했다. 곁에 있던 늙은 신하들이 그를 일으키려 했지만 듣지 않았다. 먹지도 자지도 않고 밤새 기도했다. 최선을 다해, 온 마음을 다해 일곱 날 동안 그렇게 기도했다.

결국 아이는 죽었다. 신하들은 아이의 죽음을 알리면 왕이 더 큰 충격을 받을까 봐 두려워 감히 이 소식을 왕에게 전하지 못했다. 신하들의 수군거림을 보고 모든 것을 알아차린 그는 몸을 씻고, 기름을 바르고, 옷을 갈아입고 여호와의 전에 들어가 경배했다. 그리고 돌아와 음식을 먹었다.

자식을 위해 눈물로 부르짖던 사람이 죽음 앞에서 무너지는 대신, 하나님 앞에 예배로 반응하는 이 장면은 실로 놀랍다. 다윗의 감정이 하루아침에 정리되었을까? 절대 그렇지 않다. 그는 일곱 날 동안 울부짖었고 땅에 엎드려 있었다. 하지만 그 기도의 끝자락에서 하나님이 그의 마음에 개입하셨다고 나는 확신한다. 그래서 그는 분노하거나 절망하지 않고 하나님을 예배하는 자리로 나아갈 수 있었다고 생각한다.

그때 신하들이 "아이가 살았을 때에는 그를 위하여 금식하고 우시더니 죽은 후에는 일어나서 잡수시니 이 일이 어찌 됨이니이까"(삼하 12:21)라고 묻는다. 우리도 신앙생활을 하며 "하나님이 응답하지 않으셨다면, 이제는 슬퍼해야 하는 것 아닌가요?"라는 질문을 자주 던진다. 이때 다윗의 대답이 놀랍다.

··· 아이가 살았을 때에 내가 금식하고 운 것은 혹시 여호와께서 나를 불쌍히 여

기사 아이를 살려 주실는지 누가 알까 생각함이거니와 **삼하 12:22**

'혹시' 살려주실지도 모른다, 즉 1퍼센트의 가능성이라도 있

다면 나는 기도하겠다는 것이다. 이 믿음은 정말 귀하다. 우리는

오히려 하나님이 주신다고 해도 의심해서 다 무너뜨리는 경우가

많은데 다윗은 1퍼센트의 가능성을 믿고 기도했다.

'혹시'라는 이 마음이 바로 믿음이고, 우리도 이 마음이 필요

하다. '혹시 하나님이 고쳐주시지 않을까?', '혹시 하나님이 기적

을 베푸시지 않을까?', '혹시 하나님이 이 절망의 상황을 바꾸시

지 않을까?' 하는 그 1퍼센트를 붙드는 것이 믿음의 태도다.

내게도 비슷한 경험이 있다. 어떤 분을 두고 '반드시 살아날

것이다. 살 것이다!'라고 확신하며 간절히 기도했는데 결국 돌아

가셨다. 그때 얼마나 마음이 무너졌는지 모른다. 당시 나는 다윗

처럼 담담하지 못했고 하나님께 원망을 쏟아냈다.

그때 하나님께서 내 마음에 '그가 원했다'라는 감동을 주셨다.

그 한마디에 상한 감정이 풀어졌고 하나님의 위로가 임했다. 그

은혜를 입은 후에야 비로소 감정을 정리할 수 있었다. 기도는 하

나님 앞에서 그렇게 정리되는 것이다.

다윗은 아들이 죽은 뒤에도 여전히 하나님을 바라보았다. 그

는 "지금은 죽었으니 내가 어찌 금식하랴 내가 다시 돌아오게 할

수 있느냐 나는 그에게로 가려니와 그는 내게로 돌아오지 아니하리라"(삼하 12:23)라고 말한다. 하나님이 허락하지 않으신 일은 받아들이되, 그 기도가 헛되지 않았다는 것을 그는 알았다.

그 이후가 더 중요하다. 다윗은 아내 밧세바를 위로하고 함께 동침한 후 아들을 낳는다. 그 아이의 이름은 솔로몬이다. 하나님께서 그 아이에게 붙여주신 또 다른 이름은 '여호와께서 사랑하신 자'라는 뜻의 여디디야다.

첫 아이가 죽었을 때 다윗의 기도는 응답되지 않은 것처럼 보였으나 하나님은 다윗의 기도를 잊지 않고 기억하셨고 그 기도의 열매로 그분이 가장 사랑하시는 자를 그의 가정에 보내주셨다. 그러므로 기도 응답이 즉시 오지 않더라도 그것이 거절된 것, 없어진 것, 헛된 것이 아니다.

하나님 앞에서 기도는 결코 소멸하지 않는다. 하나님은 다 들으시고 다 아신다. 모든 기도를 기억하시고, 때로는 우리가 예측하지 못한 방식으로 더 크고 놀라운 응답을 허락하신다. 다윗의 첫 기도는 응답되지 않은 것처럼 보였지만, 하나님은 그에게 솔로몬을 통해 완전한 응답을 주셨다. 그것도 여디디야, 하나님이 가장 사랑하시는 자라는 이름으로 말이다.

나는 이 사건을 통해, 기도는 하나님 앞에 결코 사라지지 않으며 하나님은 그 기도에 반드시 응답하시는 분임을 확신하게 되었다. 마지막까지 기도한 사람에게는 하나님께서 감정을 정리하게 해주시고 말씀으로 생각을 정리하게 하시며 마침내는 열린 길로 응답해주신다.

하나님은 우리의 반복되는 기도를 번거롭게 여기지 않으신다. 오히려 계속해서 믿음으로 나아가는 인내의 기도를 기뻐하신다. 하나님을 번거롭게 하자. 끈질기게 기도하며 계속 나아가자. 그 과정을 통해 인내를 온전히 이루고 더욱 단단한 믿음을 얻게 된다. 응답이 오지 않은 것처럼 보여도 끝이 아니다. 지금 붙잡은 기도 제목을 절대로 놓지 말라! 인내하며 끝까지 가보라!

하나님은 반드시 응답하신다!

08

분노와 틀을 깨는 회개의 기도

누가복음 15장은 우리가 잘 아는 '돌아온 탕자'의 이야기다. 많은 이가 둘째 아들의 이야기에 집중한다. 그가 집을 떠났다가 회개하고 돌아오자, 아버지는 망설임 없이 달려가 그를 안고 잔치를 베풀며 기쁨으로 맞이한다. 참 감동적인 장면이다.

이 이야기에는 또 한 사람, 첫째 아들이 등장한다. 그는 집에 있었지만, 마음은 아버지의 초대에 응하지 않는다. 아버지가 불합리하다고 생각했기 때문이다.

'왜 열심히 일한 나에게는 아무런 보상도 주시지 않고 탕자에게는 잔치를 베풀어주시는가? 왜 저런 못된 놈은 혼나지도 않고 도리어 은혜를 입는가?' 하는 그 마음에는 억울함과 불공평하다는 분노가 자리 잡고 있었다. 이는 단순한 가족 간의 갈등이 아니라 하나님을 향한 불만이자 은혜의 기준에 대한 혼란이었다.

둘째 아들은 집으로 돌아왔고 아버지가 베푸는 잔치에 참여했다. 하지만 첫째 아들은 아버지와 함께 살고 있지만, 은혜를 누리지 못하고 있었다. 그의 몸은 집 안에 있었지만, 마음은 집 밖에 나가 있었던 것이다.

그에게서 내 신앙의 모습을 보았다. 나는 신앙생활을 열심히 한다고 생각했다. 예배도 드리고, 말씀도 보고, 나름대로 신실하게 살고 있다고 여겼다. 그러나 어느 순간 내 속이 뒤집혀 있는 것을 발견했다. 누군가 잘되는 모습을 보면 괜히 언짢아졌다. 나도 모르게 비교하고, 시기하고, 질투의 감정이 올라왔다. 이런 마음을 감추면서도 겉으로는 '신앙인'으로 살고 있었다.

이런 내 모습을 보며 은혜는 겉으로 열심히 산다고 저절로 누려지는 것이 아니라는 사실을 깨달았다. 이때는 내 마음에 자리한 불공평함에 대한 분노, 비교와 질투의 마음, 억울함과 메마름을 하나님 앞에 솔직히 드러내는 기도가 필요하다. 그렇다면 내 속에 감추어진 틀을 깨는 기도를 어떻게 할 수 있을까?

틀을 깨는 기도는 옳음이 아니라 사랑에서

그 기도는 결국 사랑하기 어려운 사람 앞에서 내 민낯을 보는 데서 시작된다.

가나 사람인 A형제(5장 참조)가 치료를 다 마치고, 이제 고국으로 돌아가야 하는 날이었다. 공항에서 내 아내는 그에게 약을 챙겨주려고 트렁크를 열었다가 그 안에 들어 있던 빨간 구두 한 켤레를 보고 순간 멈칫했다. 그 형제가 한국에 온 지 이미 4년이 넘었으니 고국에 있는 딸은 이제 열한 살이 되었을 텐데 그 구두는 일곱 살 아이의 사이즈였다.

아내는 그때야 깨달았다고 한다. 그 아버지의 시간은 딸과 헤어졌던 그 나이에서 멈춰 있다는 사실을. 4년이 흘러 딸은 자랐지만, 아버지의 기억 속에서는 여전히 일곱 살이었다. 헤어질 때 작은 손을 흔들던 그 모습, 빨간 구두가 예쁠 것 같던 그 나이 그대로였다. "우리 딸"을 말할 때 그 형제는 여전히 일곱 살 아이를 떠올리며 그 아이에게 신기고 싶었던 구두를 트렁크에 넣어두고 있었던 것이다.

솔직히 고백하자면, 이 친구를 돕기란 정말 쉽지 않았다. 병원에 있을 때도, 고향으로 돌아갈 준비를 할 때도 말로 다 할 수 없을 만큼 힘들게 하고 못되게 굴어서 아내와 나를 지치게 만들곤 했다. 화내고, 불평하고, 때로는 돕는 손을 밀쳐내기도 했다. 인간적으로는 '이제 그만하자'라는 생각이 들 만큼 힘든 순간들이 있었다. 우리의 인내나 선한 마음만으로는 절대 끝까지 갈 수 없었고, 예수님의 사랑이 아니면 돕지 못할 사람이었다.

그런데 긴급한 기도 요청을 받고 이 친구를 처음 찾아갔을 때 그의 방 벽에는 우리 교회의 달력이 걸려 있었고(2년 전의 우리 교회 달력이 어떻게 그 집에 있는지는 지금도 모른다) 하나님께서 그 달력을 통해 "이 영혼은 너희가 끝까지 책임져라"라고 말씀하시는 것 같았다. 오직 '예수님이 이 사람을 사랑하신다'라는 사실만이 우리를 포기하지 않게 했다. 십자가에서 "아버지, 저들을 용서하소서"라고 기도하신 그 사랑만이 우리를 붙들고 계속 그 자리에 있게 했다.

그 빨간 구두 한 켤레 안에 아버지의 미안함과 그리움, 그리고 다시 만나고 싶은 마음이 모두 담겨 있었다. 아내는 그 이야기를 전하며 한참 말을 잇지 못했다. 우리를 그렇게 힘들게 했지만, 그도 결국 한 사람의 아버지였고, 그리운 딸을 품고 사는 연약한 인간이었다.

그가 고국으로 돌아간 지 석 달 후에 세상을 떠났다는 소식이 전해졌다. 마음 아팠지만, 이 확신이 있었다. 그는 마지막까지 사랑을 받았다는 것, 한국에서 보낸 마지막 시간이 외면받고 버려진 시간이 아니라 하나님의 사랑을 온몸으로 경험한 시간이었다는 것, 그리고 그는 그 사랑 안에서 일곱 살 딸을 위한 빨간 구두를 품고 고향 땅을 다시 밟을 수 있었다는 것….

그날 이후, 아프리카 친구들이 고국으로 돌아간다고 하면 우리는 교회 한편에 모아두었던 작은 선물들을 꺼내기 시작했다. 립스틱, 홍삼, 과자 같은 것들이다. "이건 엄마 드려. 이건 아내 주고. 이건 아버지 갖다 드려" 하며 넣어주고, 초코파이를 건네며 "이거 한국에서 정말 유명한 과자야" 하고 웃으며 보내주었다.

아내는 그날 본 빨간 구두가 한 사람의 인생이 얼마나 깊은 그리움 위에서 버티고 있는지를 말없이 보여주는 증거 같았다며, 하나님은 그 구두를 통해 우리가 단순히 '사역'을 하는 것이 아니라 한 사람의 마음과 시간을 함께 들고 가고 있음을 알게 하셨다고 말했다.

우리를 힘들게 했어도 그 친구는 우리에게 더 큰 것을 가르쳐주었다. 사랑은 사랑스러운 사람만이 아니라 사랑하기 어려운 사람을 향할 때 비로소 십자가의 사랑이 된다는 것, 그리고 그 사랑만이 한 영혼을 끝까지 붙들 수 있다는 것을 말이다. 이 이야기는 결국 한 가지를 남긴다. 틀을 깨는 기도는 옳음의 문제가 아니라 사랑의 문제라는 사실을.

죄성을 발견하는 기도를 시작하라

성경에서 "아버지의 살림을 창녀들과 함께 삼켜버린 이 아들"(눅 15:30)이라고 했듯이 둘째 아들의 죄는 누구나 알 수 있을 만큼 분명했다. 아버지의 재산을 요구해 먼 나라로 떠났고, 그것을 허랑방탕하게 탕진하고 도덕적으로 타락했으며, 아버지의 마음을 아프게 한 후에 집으로 돌아왔다.

중요한 것은 그에게 '나는 죄인'이라는 자각이 있었다는 점이다. 둘째 아들은 자기 죄를 인정하고 돌아왔다. 문제는 첫째 아들이었다. 그의 죄는 무엇인가? 그는 동생이 돌아왔을 때 멸시하는 마음이 일어났다. 분노가 일었고 잔치에 대한 억울함을 느꼈다. 그의 마음속에는 이런 외침이 있었을 것이다.

"나는 열심히 했잖아요. 나는 바르게 살았잖아요. 나는 의롭지 않습니까?"

이와 관련하여 예수님은 또 다른 비유를 말씀하신다. 바리새인과 세리의 기도 이야기다.

또 자기를 의롭다고 믿고 다른 사람을 멸시하는 자들에게 이 비유로 말씀하시되 두 사람이 기도하러 성전에 올라가니 하나는 바리새인이요 하나는 세리라 바리새인은 서서 따로 기도하여 이르되 하나님이여 나는 다른 사람들 곧 토색, 불의, 간음을 하는 자들과 같지 아니하고 이 세리와도 같지 아니함을 감사하나이다 나는 이레에 두 번씩 금식하고 또 소득의 십일조를 드리나이다 하고
눅 18:9-12

자기 행위를 자랑하는 동시에 세리를 멸시하는 이 바리새인의 말에는 스스로 의롭다는 확신이 가득했다. '나는 저 세리와 다르다. 나는 괜찮은 사람이다'라는 그 마음에는 하나님을 향한 겸손도, 사람을 향한 은혜도 없었다. 세리는 달랐다. 자신이 죄인임

을 인정했다. 죄성을 발견하고 하나님 앞에 겸손히 나아왔다.

세리는 멀리 서서 감히 눈을 들어 하늘을 쳐다보지도 못하고 다만 가슴을 치며
이르되 하나님이여 불쌍히 여기소서 나는 죄인이로소이다 하였느니라 눅 18:13

예수님은 이 두 기도의 차이를 분명히 말씀하신다.

내가 너희에게 이르노니 이에 저 바리새인이 아니고 이 사람이 의롭다 하심을
받고 그의 집으로 내려갔느니라 무릇 자기를 높이는 자는 낮아지고 자기를 낮
추는 자는 높아지리라 하시니라 눅 18:14

그 핵심은 분명하다. 자신이 받은 은혜를 알지 못하는 사람은
자기 죄를 발견하지 못한 사람이다. 첫째 아들은 바리새인과 같
았다. 스스로 의롭다고 여겼기에 회개하지 않았고 하나님께로
마음을 돌리지 않았다. 겉으로 드러나지는 않았으나 그의 죄는
은혜를 가로막는 교만, 비교, 멸시, 자기의였다.

첫째 아들의 죄는 집 안에서 조용히 자라고 있었다. 그는 스스
로 의롭다고 생각하며 동생을 멸시하고 분노했다. 이 죄는 밖으
로 드러나지 않지만, 하나님 앞에서 더욱 무서운 죄성일 수 있
다. 이런 죄성은 잘 깨지지 않기 때문이다. 자기의, 남을 멸시하
는 마음, 스스로 의롭게 여기는 태도는 죄를 '죄'로 여기지 않고

인식하지도 못하기에 회개하기 어렵고 변하기도 쉽지 않다.

둘째 아들이 허랑방탕한 삶 끝에 '나는 죄인이구나. 하나님의 은혜 없이는 고침받을 수 없는 존재구나' 하고 깨달은 것처럼 첫째 아들도 '나는 절대 스스로 변화되지 못하는 죄인이구나. 정말로 교만하고 자만에 빠진 죄인이구나' 하며 깊은 죄성의 실체를 깨달아야 한다.

우리의 기도도 여기서부터 시작되어야 한다. 솔직히 말하면, 우리 안에도 이런 마음이 있지 않은가? 누군가 잘되는 모습을 보면 기쁘기보다 괜히 속상하고 '왜 나는 안 되지?'라는 생각이 들지 않는가? 축하하고 응원하기보다 마음 깊은 곳에서 시기와 질투가 올라올 때가 있지 않은가?

내 안에 있는 멸시하는 마음, 남과 비교하는 눈길, 드러나지 않는 교만과 자기의를 발견하는 것이 회개의 시작이며 은혜로 들어가는 문이다. 기도는 내가 하나님 앞에서 죄인임을 인정하는 순간, 가슴을 치며 "하나님이여 불쌍히 여기소서 나는 죄인이로소이다"라고 고백하는 그 자리에서 시작된다.

예수님은 세리의 기도를 통해 진정한 회개의 태도를 가르치신다. 세리는 하늘을 우러러보지도 못하고 가슴을 치며 회개했다. 이 기도가 오늘 우리에게도 필요하다.

"하나님, 제 안에 있는 자기의를 보게 해주십시오. 다른 사람을 질투하고, 시기하고, 멸시하는 죄성을 보게 해주십시오. 겉으로는 아닌 척하지만, 제 마음속에서 꿈틀대는 교만을 보게 해주십시오."

이러한 기도는 단지 형식적인 고백이 아니라, 자신의 죄성과 마주한 영혼의 탄식이다.

실제로 많은 선교사님과 목회자들, 진지하게 하나님을 섬기려는 이들이 이 죄성 앞에서 고민한다. 하나님을 위해 살고 싶지만, 자기의를 부인하지 못하는 자신과 마주하기 때문이다. 부인해야 하는데 부인하지 못하고, 내 자아를 꺾어야 하는데 도무지 꺾이지 않는다. 결국에는 이 죄성이 하나님의 사역을 망치기도 한다. 그래서 더욱더 절실히 이 회개기도가 필요하다.

"하나님, 제 안에 깨지지 않는 죄성이 있습니다. 다른 사람을 미워하고 시기와 질투하는 마음이 있습니다. 이 죄성을 보게 해주시고 긍휼히 여겨주소서."

이 기도를 올려드릴 때 비로소 하나님의 은혜가 들어오기 시작한다. 죄를 부정하지 않고 인정하는 그 자리에서 변화가 시작된다. 그러므로 이제 내가 고치려고 애쓰기보다 죄 고백과 함께 세리의 기도로 주님께 나아가야 한다. 이 기도야말로 가장 진실한 기도의 출발점이며 우리에게 가장 시급한 기도다.

"하나님, 저를 불쌍히 여겨주세요. 저는 죄인입니다."

감사하지 못하는 마음이 기도를 막는다

첫째 아들이 아버지께로 돌아갈 수 있는 길은 무엇보다도 받은 것을 인지하고 감사하는 태도다. 그에게는 감사가 없었다. 오히려 잔치 자리를 보고 화를 내며 아버지께 "아버지의 살림을 창녀들과 함께 삼켜버린 이 아들이 돌아오매 이를 위하여 살진 송아지를 잡으셨나이다"(눅 15:30)라고 말했다. 그는 분노했고, 억울했다. 은혜가 기쁨이 아닌 불쾌함이 되었고, 사랑이 공정하지 못한 판단으로 왜곡되었다.

아버지의 대답은 분명하다. 너는 나와 항상 함께 있었고, 내 것이 다 네 것이라는 것이다.

"얘, 너는 항상 나와 함께 있으니 내 것이 다 네 것이로되, 이 네 동생은 죽었다가 살아났으며 내가 잃었다가 얻었기로 우리가 즐거워하고 기뻐하는 것이 마땅하다"(눅 15:31,32).

첫째 아들은 아버지와 함께 거하면서도 아버지의 존재도, 함께 있는 기쁨도 느끼지 못했다. 심지어 아버지가 좋은 분이라는 사실조차 인식하지 못하고 있다. 아버지의 마음을 보지 못하니 받은 것도 기억하지 못하고 감사할 줄도 모른다.

이 모습이 낯설지 않다. 우리도 하나님께 받은 은혜는 잊어버리고 남이 더 많이 받은 것 같다는 생각에 불편함과 억울함을 느끼곤 한다.

칭찬받는 사람을 보며 괜히 속상하고 '운이 좋아서 그렇지. 나는 헌신해서 여기까지 왔는데'라는 생각이 드는 것, 누군가 사역의 자리에 세워질 때 '내가 더 오래 다녔는데 왜 나는 뽑히지 않고, 저 사람이 됐지?', '나는 더 열심히 했는데 왜 저 사람이 쓰임받나?' 이런 감정이 올라오는 것은 하나님께서 내게 주신 것을 감사함으로 바라보지 못하고, 자꾸 다른 사람과 비교하기 때문이다.

첫째 아들도 동생이 잔치 자리에 있는 것을 보며 '나야말로 보상받아야 할 사람인데 왜 저 녀석이 받아?'라고 생각했을 것이다. 받은 것을 기억하지 못하는 그의 마음에서는 아버지와 함께 있다는 특권, 아버지의 집에서 쓰임 받는 존재라는 은혜, 이미 자기 것이라고 선언된 아버지의 모든 것이 기쁨이 되지 못했다.

하나님께서 많은 것을 주셨다. 영생도 주셨고 죄 사함도 주셨다. 그런데 우리는 그것을 들었을 뿐, 제대로 기억하고 인식하지 못한 채 살아가는 것 같다. 지금 주변만 둘러봐도 내 것이 얼마나 많은가? 작은 것 같지만 이 모든 것이 내게 '주어진 것'이다.

그런데도 자꾸 내가 가진 것보다 남이 가진 것이 더 크고 더 좋아 보이는 마음에 빠진다. '저 사람은 저걸 가졌는데, 나는 왜 없지? 하나님이 저 사람에겐 주시고, 나에겐 왜 안 주시나?' 하다 보면 속이 상하고, 불공평하고 불합리하다는 생각까지 든다.

그러나 분명한 사실이 있다. 하나님은 언제나 최선으로 인도하신다. 하나님은 첫째 아들에게도, 내게도 충분히 많은 것을 주셨다. 내가 인지하지 못하고 감사하지 않고 누리지 못할 뿐이다. 그래서 감사가 회복되어야 한다.

은혜가 빠진 사람은 결국 '법'만 남고 율법적인 태도로 변하게 된다. 사람을 정죄하고, 날카로운 말로 상처를 준다. 그러니 우리는 이렇게 기도해야 한다.

"하나님, 제가 받은 것을 보게 해주십시오. 당연히 여겼던 것들을 다시 감사하게 해주십시오. 아버지와 함께 있는 것이 얼마나 큰 은혜인지를 깨닫게 해주십시오. 지금 내가 입고 있는 이 옷 하나도, 주님이 주신 것입니다. 숨 쉴 수 있는 것, 기도할 수 있는 것, 이 모든 게 은혜입니다."

감사는 훈련이다. 나는 평소에 감사 제목 세 가지를 매일 적어본다. 감사 제목을 생각하지 않으면 감사할 일이 생각나지 않고 감사 없이 하루가 그냥 흘러간다. 하지만 감사하기 시작하면 이상하게도 감사할 것들이 샘물처럼 계속 올라온다. 감사가 회복되면 '그래, 이 모든 게 은혜로 된 것이지' 하고 마음에 은혜가 다시 살아나며 여유가 생긴다.

첫째 아들도 그랬어야 했다. 동생을 바라볼 때 '그래, 내 삶도 은혜였고, 아버지와 늘 함께 있었던 것도 은혜였어. 나는 손해 본 게 하나도 없지 않나? 오히려 동생은 삶이 다 망가지고, 거지가 돼서 돌아왔잖아. 몸은 괜찮은가? 얼마나 힘들었을까?' 이렇게 생각할 수 있지 않았을까.

감사 없는 마음에는 은혜가 머물 수 없지만, 감사의 눈으로 바라보면 세상이 달라 보인다. 다른 사람의 회복조차 기쁨이 되고, 하나님 앞에 나아가는 마음이 깊어진다. 이것이 감사함으로 드리는 기도이며 아버지께로 돌아가는 회복의 길이다.

신앙의 본질은 받은 것을 인정하고 감사하는 것이다. 내가 뭔가를 해냈기 때문에 의미 있는 것이 아니다. 하나님이 나와 함께 계신다는 사실 그 하나만으로도 감사할 수 있다. 내가 여전히 연약하고 부족한데도 나를 써주신다는 그 자체가 은혜임을 기억해야 하고, 그런 나를 하나님이 사랑하시고 동행해주신다는 것이 감사가 되어야 한다.

하나님 자녀로서의 기도를 회복하라

"이 네 동생은 죽었다가 살아났으며, 내가 잃었다가 얻었기로 우리가 즐거워하고 기뻐하는 것이 마땅하다"라는 아버지의 말은 단순한 가족 간의 화해를 넘어, 하나님의 마음을 그대로 보여준다. 첫째 아들에게는 동생이 탕진한 재산, 즉 잃어버린 '돈'이 크게 보였지만, 아버지는 잃어버린 돈보다 잃어버렸던 '사람'을 먼저 보았다.

이 시선 차이가 바로 '자녀의 정체성'을 회복한 사람과 그렇지 못한 사람의 차이다. 하나님의 마음에는 '사람'이 중심이다. 회개하고 돌아온 자녀가 다시 살아났다는 사실 자체가 가장 큰 기쁨이며 그 자체가 잔치를 베풀 만한 이유다.

첫째 아들은 동생이 돌아왔다는 사실보다 자신이 받을 보상이 사라졌다는 생각에 더 얽매인다. 우리 삶에서도 이 모습은 자주 나타난다. 어떤 사람이 돈 문제를 일으키면 쉽게 그 사람 전체를 미워하게 된다. 손해를 입었다는 마음이 들기 시작하면 사람보다 돈 자체가 훨씬 더 크게 보여, 한 가족이라도 돈으로 인해 신뢰가 깨지고 마음이 멀어진다.

물론 돈으로 피해를 준 것은 분명 잘못한 것이지만, 만약 돈 문제를 빼고 본다면 그 사람은 어떻게 보일까? 돈 문제가 아닌 존재 자체를 보게 되면서 그의 연약함, 그렇게 된 사연, 좌절과 외로움이 보이기 시작할 것이다.

교회에는 다양한 형편의 사람들이 도움을 요청하며 찾아온다. 처음에는 긍휼한 마음으로 식사비도 드리고 차비도 드리지만 몇 번 비슷한 경험을 반복하게 되면 나도 모르게 마음이 굳어지기 시작한다. '저 사람, 지난번에도 그랬던 것 같은데 또 거짓말하는 거 아냐? 돈 주면 술 마시는 것 아니야?' 이렇게 사람보다 돈이 먼저 보이기 시작하면 긍휼은 사라지고 계산이 앞서게 된다.

그러나 하나님의 시선은 전혀 다르다. 아버지는 돌아온 아들을 향해 "죽었다가 살아났다. 잃었다가 다시 얻었다"라고 말한다. 이것은 존재를 향한 사랑이고 자녀를 향한 긍휼이다. 우리가 하나님의 자녀임을 아는 기도를 회복해야 한다.

강아지를 안고 우리 교회를 찾아오신 60대 여자분(5장 참조)이 교회에서 몇 달 지내시는 동안 나는 잘 섬기려고 했으나 그 분의 퉁명스러운 태도와 강아지 때문에 여러 가지로 참 쉽지는 않았다. 그러던 어느 날, 그 분이 자기 아버지 이야기를 꺼냈다. 자세히 말하지 않았지만 신학교 교수님이고 어머니도 잘 믿으셔서 두 분 다 천국에 계신다고 했다.

그 분은 때때로 조금 이상한 행동을 하셨다. 갑자기 말투가 바뀌거나 자신이 사찰을 받고 있다고 하셨다. 신분에 관해 물으면 과민 반응을 보였는데 동사무소에 도움을 요청해보면 어떻겠냐는 권유에 크게 화를 내셨다. 물론 이유가 있겠지만 나로서는 정상적이지 않다는 생각에 결국 '이분은 나가시는 게 좋겠다'라는 생각이 들었고 마음이 그렇게 굳어지고 있었다.

그런데 어느 새벽, 기도 중에 이상한 감동이 밀려왔다. 나는 그 분의 부모님을 알지 못하는데 기도 중에 마치 그 분의 부모님 같은 분들이 내 앞에 와서 "목사님, 한 번만 받아주세요. 한 번만 도와주세요. 우리 딸을 한 번만 품어주세요"라고 말하는 듯했다. 그 목소리가 마음속에 맴돌았고, 눈물이 핑 돌며 너무나 송구스러워졌다. '그럼요, 그럼요…' 속으로 되뇌며 마음이 아팠다. 만약 지금 그 분의 부모님이 천국에서 이곳을 보고 계신다면 그분들도 이렇게 말씀하시지 않았을까.

"목사님, 한 번만 더 받아주세요. 한 번만 더 저녁 사주세요. 한 번만 더 자리 봐주세요. 이곳에 오시면 제가 잘해드릴게요. 그러니 우리 딸을 너무 빨리 내치지 마세요."

그 기도 이후 나는 깊이 뉘우치게 되었다. 그 분도 한 부모님의 딸이라는 생각이 참 많이 들었고, 더 나아가 하나님의 자녀라는 사실을 인식하게 됐다. 내가 보기에 연약하고, 때로 이해되지 않는 행동을 할지라도 그 분은 하나님의 눈에 귀한 딸이었다. 하나님은 지금도 그 자녀를 바라보며 기뻐하시는데 내가 그 시선을 잃은 거였다.

이 경험을 통해 다시 한번 깨달았다. 하나님의 자녀를 자녀로 보지 못하면 기도도 은혜도 관계도 다 무너진다는 것을. 사람이 아닌 조건을 보게 되고, 존재가 아닌 행위를 기준 삼게 된다.

우리 교회의 한 형제는 예전에 자주 반복되는 어려움이 있었다. "목사님, 돈 좀 주세요"라는 말에 안타까운 마음이 들어 돈을 주면 얼마 되지 않아 편의점 앞에서 술을 마시곤 했다. 그래서 주변 사람들이 "목사님, 쟤한테 돈 주지 마세요. 또 술 마셔요"라고 자주 말했다. 옳은 말이다. 이런 상태에서 계속 돈을 주는 것은 문제가 있다. 그런데 나까지 거절하면 안 될 것 같았다.

어느 날, 그 형제가 보이지 않았다. 몇 주가 돼도 나타나지 않자 교인들 사이에서도 "그 형제, 요즘 어디 갔나?" 하는 말이 돌기 시작했다. 그의 어머니가 교회로 찾아와 "목사님, 우리 아들한테 연락이 왔습니까?"라고 물어보셨을 때 나는 아무 말도 할 수 없었다. 실제로 아는 것이 없었고 잘 품어준 것 같지 않아 면목이 없었다. 얼마 후 그 형제는 여행을 갔다 왔다며 다시 교회에 나타났다.

성경은 하나님의 성령께서 말할 수 없는 탄식으로 우리를 위하여 친히 간구하신다고 말씀한다(롬 8:26 참조). 그렇다면 그 형제를 위해서도 성령께서 간구하고 계시지 않겠는가? 그 형제 안에도 성령님이 계시니 그도 하나님의 자녀가 아니겠는가? 내가 그 형제를 향해 화를 내려고 할 때마다 성령께서 내게 이렇게 말씀하시는 것 같았다.

"한 번만 더 도와주어라. 한 번만 더 품어주어라. 한 번만 더 용서해주어라."

하나님의 감동이 임하자 내 마음이 무너졌다. '내가 이렇게 강퍅한 인간이었구나. 돈 몇 푼이 뭐라고, 내 자존심이 뭐라고, 그걸 못 이기고 있었구나' 하고 회개의 마음이 밀려왔다. 동시에 내 마음이 새로워졌다.

나는 철저히 첫째 아들이었다. 남이 잘되는 것을 보면 속으로 시기하고 질투하며 내가 받아야 할 보상을 다른 사람이 받은 것처럼 느끼고 스스로 피해자처럼 굴었던 사람. 받은 것이 너무 많은데도 마치 아무것도 받지 못한 사람처럼 살았던 그 첫째 아들이 바로 나였다. 내 속에서 이런 기도가 나왔다.

"하나님, 첫째 아들인 저도 돌아가야 하지 않겠습니까? 제 안의 죄성을 보게 해주십시오. 깨지지 않는 이 강한 자아를 깨뜨려주십시오. 남을 멸시하고 스스로 의롭다고 여기는 이 마음을 부숴주십시오. 제가 얼마나 많은 은혜를 받았는지 알게 하시고 그 은혜에 감사하는 삶으로 나아가게 해주십시오."

그 시선을 갖게 되니, 사람이 다르게 보였다. 내 앞에 있는 한 사람을 '저 사람 위에 하나님이 계신다. 저 사람 곁에 성령님이 함께하신다. 저 사람도 하나님의 자녀다. 누군가의 귀한 아들이고 소중한 딸이다'라는 시점으로 보게 되었다. 그러자 내 마음이 열렸다. 기도가 나를 바꾸기 시작한 것이다.

기도는 단지 무엇을 구하고 얻는 수단이 아니라 나는 하나님의 자녀라는 정체성을 회복하는 자리다. 내가 가진 것, 내가 한 일, 다른 사람보다 내가 더 낫다는 우월감이 아니라 "나는 아버지의 사랑을 받는 존재입니다"라는 그 사실 하나로 만족하는 믿음의 자리다.

하나님이 부어주신 은혜로 죄성을 마주하고 무너졌던 자리에서 다시 일어날 수 있기를, 당신에게 잊고 지냈던 하나님의 자녀로서의 정체성이 회복되는 계기가 되기를 소망한다.

09

절망에서 다시 일어나는 소망의 기도

기도 응답을 소망하지 않는 사람은 없을 것이다. 하나님의 뜻을 알고 싶고 더 잘 믿고 싶어서 기도하며 그 가운데 하나님의 응답을 소망하는 분도 많지만, 대개는 문제를 해결 받기 위해 기도하고 그 기도에 하나님이 응답해주시기를 간절히 바란다.

그런데 집이 빨리 팔리기를 기도했는데 기도한 지 벌써 5년이 되었다는 분도 있고, 직장을 두고 기도했는데 1년이 지나도록 변화가 없다는 분도 있다. 결혼을 위해 기도한 지 10년이 되도록 아직 배우자가 나타나지 않은 분도 있다.

그러면 '5년 동안 하나님은 정말 나에게 단 한 번도 응답하신 적이 없으신가?'라는 생각을 해봐야 하지 않을까? 다시 말해, '내가 그 기도 제목에 대해서만 응답을 기다리느라 혹시 하나님께서 이미 주신 다른 응답을 보지 못하고 지나친 것은 아닌가?' 또는 '기도 응답에 대해서 내가 놓치고 있는 부분은 없을까?' 하는 그 부분을 점검해야 한다.

기도 응답을 기다리며 때로는 탄식하고 때로는 '왜 이렇게 길어지나…' 하며 마음이 조급해질 때, 하나님께서 기도에 대해 어떻게 응답하시는지, 또 내가 무엇을 놓치고 있었는지를 하나씩 살펴보자. 먼저, 하나님은 우리를 외면하지 않으셨다는 것을 분명히 말씀드리고 싶다. 기도 응답에 대해서 반드시 한 가지 이상의 깨달음과 은혜가 있을 것이라고 소망하며 이 글을 쓴다.

기도 응답의 최종은 말씀으로 온다

기도 응답에서 가장 중요한 것은 바로 기도 응답의 중심이 하나님이시라는 점이다. 그런데 실제로 우리가 기도 응답을 소망할 때는 조금 다르다. 대부분은 "하나님, 집이 팔리게 해주세요!"라고 기도했을 때 집이 팔리면 기도 응답, 안 팔리면 하나님이 응답하지 않으셨다고 생각한다. 직장을 허락해달라고 기도했는데 직장이 생기면 응답, 안 생기면 하나님이 응답하지 않으신 것이라고 결론 내리기도 한다.

과연 이것이 다일까? 내가 원하는 것이 이루어졌다고 해서 그것이 곧 완전한 하나님의 응답이며, 내가 원하는 것이 이루어지지 않았다고 해서 정말 하나님이 아무 응답도 하지 않으신 것일까? 우리는 여기에서 한 걸음 더 들어가야 한다. 하나님은 단지 내 필요만을 채워주시는 분이 아니라 말씀하시기를 원하는 분이다.

이스라엘 백성이 출애굽하여 광야 생활을 시작할 때 하나님은 그들의 기도에 정말로 놀랍게 응답하셨다. 물이 없다고 부르짖으면 물을 주시고, 먹을 것이 없다고 하면 하늘에서 만나를 내려주셨다. 고기가 없다고 아우성치면 메추라기를 바람에 실어 보내주셨다. 심지어는 모세가 지팡이로 반석을 치도록 하여 그 딱딱한 돌에서 물이 터져 나오는 기적까지 주셨다.

이때는 '기도하는 사람 중심의 응답'으로, 그들의 필요를 채우시는 것이 응답의 초점이었다. 그런데 광야에서 생활한 지 40년이 다 되어갈 즈음에는 양상이 조금 달라져, 기도하는 사람이 아니라 '하나님 중심'으로 응답해주신다. 왜 그렇게 하셨을까?

만약 하나님께서 언제나 사람 중심으로 응답하신다면 그 사람의 믿음과 신앙이 자랄 수 있을까? 나는 아니라고 생각한다. 기도만 하면 내가 원하는 대로 전부 이루어진다면, 하나님은 나의 종처럼 보일 뿐 그분을 내 목자로 의지하지 않을 것이다.

하나님은 우리를 믿음의 사람으로 키우시려고 때로는 우리의 요청과는 다른 방식을 통해, 기다림이라는 훈련을 통해 응답하신다. 기도 응답은 단지 '되면 응답, 안 되면 무응답'이라는 단순한 구조가 아니다. 하나님은 언제나 우리와 말씀으로 소통하시며 우리를 성장시키기 위해 그분의 지혜로 인도하신다.

하나님이 어떤 때 기도를 바로 응답하시고, 또 어떤 때 기다리게 하시는지 의문이 들 때가 많다. 아이를 키우는 부모를 생각하면 그 상황이 조금 이해가 된다.

아이가 원하는 것을 부모가 다 주면 그 아이의 성격은 어떻게 될까? 당장은 기분이 좋아서 성격이 좋아질 것 같지만, 사실 그렇지는 않다. 자녀를 올바르게 양육하기 위해 아이가 원하는 것을 당장 주지 않을 때도 있는 법이다. 아이가 잘 성장하고 성숙하기를 바라는 부모의 마음 때문이다.

하나님도 우리를 그렇게 대하신다. 이스라엘 백성이 그 좋은 예다. 광야 초기에 이스라엘 백성이 구하는 대로 주시는 은혜를 베푸셨던 하나님이 광야 40년이 거의 끝나갈 무렵에는 하나님 중심으로 인도하신 이유를 성경은 이렇게 기록한다.

네 하나님 여호와께서 이 사십 년 동안에 네게 광야 길을 걷게 하신 것을 기억하라 이는 너를 낮추시며 너를 시험하사 네 마음이 어떠한지 그 명령을 지키는지 지키지 않는지 알려 하심이라 신 8:2

하나님께서 이스라엘 백성을 40년 동안 광야에 두신 목적은 단순히 먹고 마시는 문제를 해결해주시는 것이 아니었다. 그들이 하나님 말씀에 순종하는지를 보시고 하나님의 말씀을 따르는 사람으로 세우시는 것이 목표였다. 이를 단순히 훈련이라 하면 너무 가혹하게 느껴질 수도 있지만 사실 이것은 하나님의 은혜였다. 이어지는 3절은 이를 더욱 분명하게 말씀한다.

··· 사람이 떡으로만 사는 것이 아니요 여호와의 입에서 나오는 모든 말씀으로 사는 줄을 네가 알게 하려 하심이니라 신 8:3

예수님도 광야에서 40일을 금식하신 뒤 사탄에게 시험받으실 때 바로 이 말씀을 인용하여 사탄을 물리치셨다. 즉, 사람이 진짜 살아가는 이유와 방법은 '눈에 보이는 떡'(문제 해결)이 아니라 '하나님의 말씀'에 있다는 것이다.

우리는 흔히 기도한 대로 되면 응답받았다고 기뻐하고, 여전히 해결되지 않거나 반대로 더 꼬이면 "하나님이 응답하지 않으시는구나" 하고 실망해 기도를 멈춰버린다. 이렇게 되면 기도의 마지막 지점은 언제나 문제가 해결되느냐 아니냐로 귀결된다.

그러나 하나님의 관점은 다르다. 그분의 목표는 문제 해결 자체가 아니라 우리가 하나님의 말씀에 순종하는 사람인지 아닌지를 드러내고, 말씀을 따라 살게 만드는 것이다. 하나님이 진정 바라시는 기도 응답은 내 기도 제목이 이루어지는 것이 아니라, 그 과정을 통해 내가 하나님께 순종하고 하나님을 기준 삼아 살아가는 사람이 되는 것이다. 기도 응답의 최종 지점은 내가 하나님의 사람으로 바뀌는 것이기 때문이다.

하나님은 이스라엘 백성에게 단지 물과 만나만 주신 것이 아니었다. 결국 그들의 심령 깊은 곳에 "사람이 떡으로만 사는 것이 아니요 여호와의 입에서 나오는 모든 말씀으로 사는 줄을 알게 하려 하심"이라는 이 진리를 새겨주시려는 것이었다.

하나님께서 사건을 해결하시기도 하고 은혜를 주셔서 감정을 새롭게 하시기도 하지만 가장 분명하고 확실한 기도의 응답은 언제나 말씀을 통해 주신다.

기도대로 되지 않아서 '하나님이 내 기도에 응답하지 않으시나 보다' 생각하고 기도를 멈춘다면 그것은 기도의 본질을 오해하는 것이다. 기도의 최종 응답은 사건 해결이 아니라 말씀 그 자체이므로, 하나님께서 아직 말씀하지 않으셨다면 기도 응답도 아직 진행 중인 것이고, 그러니 중간에 포기해선 안 된다.

나는 목회를 하며 이런 경우를 여러 번 경험했다. 교회가 어렵고 성도가 줄어들 때마다 "하나님, 교회를 다시 회복시키시고 부흥하게 해주십시오"라고 기도했는데 그러던 어느 날 기도 중에 하나님이 내 마음을 깨우치셨다.

"너는 문제 해결만을 구하고 있지 않으냐? 나는 너에게 말씀하기를 원한다. 이 문제를 통해 내가 무엇을 말하는지 듣기 원하지 않으냐?"

그때 깨달았다. 하나님이 진정 바라시는 기도 응답은 내 기도 제목이 이루어지는 것이 아니라, 내가 그 과정을 통해 하나님의 말씀에 순종하고 말씀을 기준 삼아 살아가는 사람이 되는 것임을. 그때부터 기도의 방향을 바꿨다.

기도 응답의 마지막 종착지는 사건의 해결이 아니라 '하나님이 말씀하시는' 그것이다. 하나님은 내 기도 제목대로만 응답하지 않으시고, 오히려 더 깊이 말씀으로 돌아가서 내가 그 말씀에 순종하는 사람인지 점검하게 하신다. 그래서 나는 오늘도 이렇게 기도한다.

"하나님, 제 문제를 해결받는 것도 필요하지만, 그 과정에서 제가 하나님을 더 사랑하고 주님께 순종하는 사람으로 세워지게 하옵소서."

기도 응답은 말씀을 구할 때 온다

주의 말씀을 구해야 한다. 이것이 우리가 반드시 붙잡아야 할 진리다. 우리는 보통 기도가 막히면 "하나님, 제발 주시옵소서!" 하고 더욱 애타게 구한다. 물론 그것도 귀한 태도는 맞지만, 동시에 반드시 이렇게 기도해야 한다.

"하나님, 주의 말씀을 구합니다. 저에게 어떤 말씀을 주시겠습니까? 지금 이 상황 속에서 하나님은 무슨 말씀을 하시기를 원하십니까?"

기도 중에도 하나님은 말씀하시지만, 기도 중에 아무것도 느껴지지 않을 때도 있다. 그런데 놀랍게도 주일예배 말씀을 듣는 순간 마음이 확 사로잡히는 경우가 있다. 설교가 끝나면 많은 성도가 "목사님의 설교가 꼭 제 이야기 같았습니다"라고 고백한다 (그 얼굴에 감사의 빛이 비치면 나도 감사하지만, 성도님들의 얼굴이 어두우면 긴장된다. '혹시 누가 내 얘기를 목사님한테 일러바쳤나?' 하고 오해할 수도 있기 때문이다).

그 심령을 아는 분은 오직 성령님뿐이다. 성령께서 그 말씀을 통해 각 사람의 마음에 정확히 들리도록 역사하신 것이다. 이것이 바로 하나님이 말씀으로 응답하시는 역사다.

하나님은 기도 중에도 직접 말씀을 떠오르게 하신다. 때로는 말씀을 읽다가, 설교를 듣다가, 큐티를 하다가, 심지어 성경을 통독하다가 내 영혼을 향한 하나님의 음성을 만나 '이 말씀이 나에게 주시는 하나님의 응답이구나!'라고 깨닫게 된다.

이렇게 말씀을 통해 응답을 받으면 기도의 폭이 놀랍도록 넓어지고 깊어진다. 나도 이런 경험이 많았다. 기도해도 문제는 여전히 해결되지 않았으나 이상하게도 마음이 전혀 답답하지 않았다. 살아 계신 하나님께서 말씀으로 내 상황을 해석해주셨기 때문이다. 하나님의 말씀이 임하면 문제는 해결되지 않았어도 내 마음이 뚫리고 소망이 생긴다.

이것 하나는 분명히 말할 수 있다. 어려움을 당할 때 누군가가 물질로 돕고 위로해주면 물론 감사하다. 그러나 하나님이 그 문제를 말씀으로 해석하고 인도해주시면 게임 끝이다. 마음이 시원하고 자유로워진다. 그때 비로소 내 영혼이 큰 평안과 소망을 얻는다.

기도의 최종 응답은 감정이 조금 위로받고 잠시 편안해지는 정도가 아니다. 하나님이 말씀으로 내 삶을 관통하신다. 그 말씀을 받으면, 문제가 해결되지 않아도 두려움이 사라지고 자유가 임한다. 기도가 완전히 달라진다. 우리가 구할 것도 이와 같다.

"하나님, 이 상황에서 제가 어떤 말씀을 붙잡아야 합니까? 주께서 어떤 말씀을 통해 저를 인도하기를 원하십니까?"

나는 지금도 그 하나님을 만나고 있다. 내 기도의 최종 응답은 언제나 하나님의 말씀이다. 이것이 진짜 기도 응답이며, 하나님이 우리를 향해 주시길 원하시는 가장 큰 은혜다. 그러므로 오늘도 나는 이렇게 기도하며 소망한다.

"하나님, 말씀하시옵소서. 제가 그 말씀 따라 살겠습니다."

이것이 기도의 결론이며 하나님께서 주시는 최고의 복이다.

말씀을 내 입과 마음에 두라

기도했는데 문제 해결이 안 되면 더 기도해봐야 하겠지만 문제 해결이 곧 응답이라고 너무 쉽게 결론짓지는 말아야 한다. 더 중요한 것은 기도의 초점을 나 중심이 아닌 하나님 중심으로 옮기는 것이다. 하나님 중심의 기도 응답은 언제나 말씀을 주시는 것이므로 하나님께 말씀을 구해야 한다.

하나님의 말씀을 구하면 그 말씀이 기도 중에 떠오르기도 하고 예배 시간에 들리기도 한다. 내가 말씀을 구하지 않았는데도, 설교 시간에 갑자기 내 마음을 찌르기도 한다. 그러나 그것보다 더 적극적인 방법이 있다. 바로 하나님의 말씀을 내 입에 두고, 내 마음에 두는 것이다.

> 내가 오늘 네게 명령한 이 명령은 네게 어려운 것도 아니요 먼 것도 아니라 … 오직 그 말씀이 네게 매우 가까워서 네 입에 있으며 네 마음에 있은즉 네가 이를 행할 수 있느니라 신 30:11,14

말씀은 저 높은 하늘 끝에 있는 것도 아니고 깊은 바다 밑에 내려가야 만나는 것도 아니다. 하나님은 말씀을 우리의 입과 마음에 두셨다. 말씀이 내 입에 있고 마음에 있으면 그 말씀이 내 삶에서 능력으로 나타나 주님의 일을 행할 힘이 된다.

구약에서 '묵상하다'라는 단어는 '하가'(히)인데, 이는 소리 내어 읊조린다는 뜻이다. 묵상은 단순히 머리로 생각만 하는 것이 아니라 하나님의 말씀을 입으로 계속해서 읊조리는 것이다. 내가 하나님의 말씀을 입으로 읊조리면 마치 밥을 입으로 먹어 몸이 강건해지듯 영혼이 강건해지고 살아난다. 이것은 실제다.

나는 한 말씀을 일주일 내내 붙들고 읊조린다. 그러다 보면 반드시 그 말씀을 살아 계신 하나님의 음성으로 만나게 된다. 말씀을 입에 두고 반복하다 보면 하나님이 그 말씀을 내 마음 깊은 곳에 비추셔서 어느 순간 그 말씀이 나를 확 사로잡는다.

하나님을 사랑하고 싶을 때 나는 "나의 힘이신 여호와여 내가 주를 사랑하나이다"(시 18:1)라는 말씀을 붙들었다. 나는 하나님을 사랑하고 싶었지만, 사랑하고 싶은 마음뿐이고 잘 안됐다. 사실 사랑이 없었다. 그런데 이 말씀을 하루에도 수백 번씩 말했더니 이틀, 사흘, 일주일이 지나면서 놀라운 일이 일어났다.

"나의 힘이신 여호와여" 할 때 정말 하나님이 나의 힘이 되심이 믿어졌고, "내가 주를 사랑하나이다" 할 때 정말 신기하게도 하나님을 향한 뜨거운 사랑이 내 마음에서 샘솟았다. 억지로 끌어올린 것이 아니라, 정말 주님을 사랑하는 마음이 올라왔다. 나는 이것이 하나님 말씀이 가진 능력이라고 확신한다.

느낌과 감정은 변덕스러워서, 좋았다가 금세 사라지고 다시 우울해진다. 그러나 말씀은 금강석 같아서 결코 변하지 않으며 나를 흔들리지 않게 붙들어준다. 그래서 하나님은 기도의 최종 응답을 말씀으로 주실 수밖에 없으신 것이다.

당신에게 간절히 권면한다. 기도할 때 "주여, 말씀을 주시옵소서"라고 반드시 구하라. 설교를 집중해서 듣고 큐티하며 성경을 통독하면서 말씀을 붙잡아라. 그렇게 할 때 그 말씀이 내 기도의 모든 것을 포괄하며 내 마음을 자유롭게 한다. 기도 응답이 사건 해결로 나타나지 않아도 마음에 넉넉함이 생기고 평안과 기쁨이 넘친다. 기도 응답을 받아도 교만하지 않다. 말씀을 통해 하나님이 계속 나를 붙들어주시기 때문이다. 이것이 하나님의 말씀을 통한 진짜 기도 응답이다.

PART 3

위급할 때 드리는
응급기도

10

위기를 인식하는 새벽기도

이런 적이 있는가? 자다가 문득 눈을 뜨니 새벽 3시다. 어떤 날은 새벽 4시, 5시다. 잠은 오지 않고 머릿속이 복잡하다. 이상한 것은 어쩌다 한두 번이 아니라 이런 일이 자꾸 반복된다는 사실이다. 그러면 '내가 이제 나이가 들어서 그런가? 신체 기능이 떨어진 건가? 멜라토닌 호르몬이 줄어들어서 잠을 못 자는 건가?' 하고 걱정하기 쉽다. 젊은 사람도 마찬가지다. 직장 문제, 인간관계 문제, 미래에 대한 두려움 때문에 마음이 무겁고 잠이 오지 않아 불면증처럼 밤을 지새우는 이가 많다.

그런데 한번 이렇게도 생각해보라.

'만약 이런 일이 단순히 내 몸의 문제가 아니라, 영적인 이유 때문이라면? 혹시 하나님께서 나를 깨우신 것은 아닐까?'

꼭 일어나야 할 이유가 있어서 하나님이 나를 깨우셨다면 이 야기가 완전히 달라지지 않겠는가?

새벽에 깼는데 이상하게 교회에 가고 싶고, 기도하고 싶고, 말씀을 읽고 싶어지는 마음이라면 이것은 무조건 하나님께서 깨우신 것이다. 이런 경우도 있다. 새벽에 눈을 떴는데, 어떤 사람이 자꾸 생각난다. 풀리지 않는 관계, 해결되지 않는 문제들이 마음을 답답하게 한다. 이것도 하나님께서 깨우신 것이다. 기도하라는 '기도의 신호'이며 은혜를 주시려고 깨우신 것이다.

내게도 비슷한 경험이 있다. 새벽에 자주 깼을 때 나도 불안했는데 그 시간에 어떤 집사님의 얼굴이 자꾸 떠올라 그 분을 위해 기도했다. 그때 그 분이 중요한 결정을 앞두고 있었다는 이야기를 나중에 듣고 얼마나 놀랐는지 모른다. 하나님이 그 분을 위해 나를 깨워 기도하게 하신 것이다.

그 이후로는 새벽에 깨는 것이 전혀 이상하지 않았다. 오히려 하나님이 나를 불러주셨다고 믿으니 감사했다. 시편을 보라. "하나님은 우리의 피난처시요 힘이시니 환난 중에 만날 큰 도움이시라"(시 46:1)라고 한다. 언제 도우시는가? 이어지는 구절에 "하나님이 그 성 중에 계시매 성이 흔들리지 아니할 것이라 새벽에 하나님이 도우시리로다"(시 46:5)라고 했다.

하나님은 새벽에 도우신다. 단순히 다윗의 고백이 아니다. 성령께서 "새벽에 하나님이 도우시니 너희도 새벽에 일어나라"라고, 다윗을 통해 우리에게 주시는 말씀이다. 그러므로 혹시 새벽에 문득 깨어났다면 우리로 말씀을 붙들고, 기도하고, 어떤 영혼을 위해 중보하게 하시려고 하나님께서 깨우시는 것이니 두려워하지 말고 이렇게 고백해보라.

"하나님, 오늘도 저를 깨우신 줄 믿습니다. 저를 통해 일하시고 저를 사용해주옵소서."

그러면 알게 될 것이다. 하나님이 새벽에 얼마나 친밀하게 우리를 만나주시는지, 우리 삶을 어떻게 인도해가시는지를. 이것이 하나님께서 깨우신 새벽을 복되게 하는 길이다.

찬송하라

다윗은 새벽에 일어나서 무엇을 했을까? 시편 57편을 보면 알 수 있다. 이 시는 다윗이 사울에게 쫓길 때 쓴 시다. 얼마나 급박하고 두려웠으면 이렇게 고백했을까?

"하나님이여 내게 은혜를 베푸소서 내게 은혜를 베푸소서 내 영혼이 주께로 피하되 주의 날개 그늘 아래에서 이 재앙들이 지나기까지 피하리이다"(시 57:1).

그야말로 재앙의 상황이었다. 4절에서는 더 절박하다.

"내 영혼이 사자들 가운데에서 살며 내가 불사르는 자들 중에 누웠으니 곧 사람의 아들들 중에라 그들의 이는 창과 화살이요 그들의 혀는 날카로운 칼 같도다.”

사람들이 사자 같고 그들의 혀는 날카로운 칼 같았다고 한다. 얼마나 괴롭고 억울했으면 이렇게 표현했겠는가? 다윗은 또 이렇게 고백한다.

“그들이 내 걸음을 막으려고 그물을 준비하였으니 내 영혼이 억울하도다 그들이 내 앞에 웅덩이를 팠으나 자기들이 그 중에 빠졌도다”(시 57:6).

“내 영혼이 억울하도다”라니. 이 말씀을 읽는데 마음이 너무 아팠다. 흔히 마음이 아플 때 “가슴이 아프다”라고 하지 않는가? 가슴보다 더 아플 때는 배가 아프다고 한다. 배보다 더 깊은 곳, 뼈에 사무칠 때는 정말로 아프다. 바로 영혼이 아픈 것이다. 다윗은 지금 영혼이 억울하다고 호소하고 있다. 그런데 그 상황에서 그가 한 말이 무엇인가?

> 하나님이여 내 마음이 확정되었고 내 마음이 확정되었사오니 내가 노래하고 내가 찬송하리이다 시 57:7

일어나자마자 속상한 이야기를 할 수도 있고, 낙심되는 말을 할 수도 있고, 심지어 저주 같은 말을 내뱉을 수도 있는데 다윗은 찬송하리라고 결심했다. 이 말씀이 참 놀랍다.

하나님이 우리를 도우시는 방식은 우리가 결심하면 그 결심을 더 굳세게 해주시는 것이다. 나도 "내가 하나님을 찬양하겠습니다, 감사하겠습니다" 하고 작정하면 그다음에 더 큰 은혜를 부어주시는 것을 경험했다. 그래서 해보는 게 정말 중요하다.

내 영광아 깰지어다 비파야, 수금아, 깰지어다 내가 새벽을 깨우리로다 **시 57:8**

보통은 새벽이 우리를 깨우는데, 다윗은 자기가 새벽을 깨우겠다고 한다. 결심하고 일어나겠다는 것이다. 이 모습을 배우면 좋겠다. 새벽에 내 영혼이 어디를 향하는지가 무척 중요하기 때문이다. 나는 실제로 새벽에 찬양을 많이 부른다. 찬양하다 보면 내 마음이 하나님께로 더 가까이 가는 것을 느낀다. 우리 교회의 새벽예배도 사도신경부터 하지 않고 찬양부터 한다. 그러다 보니 마음이 더 빨리 하나님을 향해 깨어난다.

보통 속상한 일, 기분 나쁜 일이 있으면 푸념부터 나오지 않는가? 가만히 두면 속상한 대로, 상처받은 대로 말이 막 튀어나오고 아무 얘기나 다 하게 된다. 또 핸드폰을 검색하고 뉴스나 이것저것을 들여다보게 된다. 그러다 보면 마음이 더 어두워진다.

이제 다르게 한번 해보자. 일어나자마자 좋아하는 찬송을 불러보자. 찬송은 곡조 있는 기도라고 하지 않는가! 어떤 찬양이라도 좋다. 중요한 것은 목소리로 하나님께 영광을 돌리는 것이다. 하나님이 얼마나 기뻐하시겠는가? 비록 온 집이 다 깨도록 크게 부르지 못해도 내가 있는 그 공간에 하나님의 영이 가득 차지 않겠는가? 나는 이 은혜를 당신과 함께 누리고 싶다.

마음을 토로하고 주의 말씀을 바라라

무엇 때문에 깼든지, 그 순간은 하나님이 부르신 시간이다. 특히 사경(새벽 3-5시)은 더욱 그렇다. 나는 이것은 반드시 하나님이 깨우신 것이라고 믿는다. 새벽에 일어났다면 그 자체가 이미 잘한 일이다. 그러나 그다음이 더 중요하지 않겠는가?

나의 왕, 나의 하나님이여 내가 부르짖는 소리를 들으소서 내가 주께 기도하나이다 여호와여 아침에 주께서 나의 소리를 들으시리니 아침에 내가 주께 기도하고 바라리이다 시 5:2,3

다윗이 새벽에 한 또 다른 일은 하나님 앞에 마음을 토로하며 기도한 것이다. 여기서 "아침에"가 바로 새벽 시간이다. 히브리어로 '보케르'라 하는데 동이 트는 이른 새벽 시간(대략 새벽 3-6시)을 의미하며, 이는 하루 중 가장 먼저, 모든 것보다 먼저 하나님을 찾는 다윗의 영적 우선순위를 보여준다. 이것이 바로 한국 교회 새벽기도의 성경적 근거가 된다.

다윗은 새벽에 깨어서 자기 마음을 다 쏟아내며 기도했다. 시편 119편 147절에는 이 모습이 더 구체적으로 나온다.

내가 날이 밝기 전에 부르짖으며 주의 말씀을 바랐사오며

부르짖었다는 것은 하나님께 간절히 기도했다는 뜻이고, 주의 말씀을 바랐다는 것은 단순히 성경을 읽거나 성경 구절을 머릿속에 떠올린 게 아니라 기록된 말씀을 넘어서서, 지금 내 삶 가운데 구체적으로 말씀하시는 하나님의 음성을 기다린 것이다. 히브리어의 '다바르'는 살아 있는 말씀이다.

그는 이어서 "주의 말씀을 조용히 읊조리려고 내가 새벽녘에 눈을 떴나이다"(시 119:148)라고 했다. 새벽에 눈을 떠서 소리 내어 찬양하고 감사기도를 드린 뒤, 속마음을 다 토로하고 나서 멈춘 게 아니었다. 하나님의 말씀을 들으려고 조용히 읊조렸다.

이렇듯 소리 내어 말씀을 읊조리는 것은 '하가'(히)라는 히브리식 성경 묵상의 방식이다. 입으로 말씀을 조용히 읽으면서 그 의미를 되씹고, 그 말씀을 통해 하나님이 지금 내게 무엇을 말씀하시는지를 듣는 것이다. 이것이 구약에서 하나님의 사람들이 묵상하는 방식이었다.

나 또한 한 주간 한 말씀을 정해서 계속 읊조린다. 암송하려고 애쓰기보다는, 그 말씀을 입으로 계속 중얼거리며 그 의미를 생각하고, 지금 하나님이 내게 주시는 말씀이 무엇인지 귀를 기울

인다(이 '하가'의 유익은 이 책의 여러 장에서 나누었다).

세상의 온갖 말을 듣기 전, 세상의 글을 읽기 전에 먼저 하나님의 말씀을 읽고, 주님의 음성을 듣는 이것이 너무나 복되다. 당신도 새벽에 하나님을 찬양하고 감사드린 뒤, 마음을 그대로 토로하며 기도해보라. 주신 말씀을 조용히 읊조리며 그 말씀 속에서 하나님이 오늘 나에게 무슨 말씀을 주시는지 들어보라. 그러면 하나님이 반드시 말씀으로 인도하실 것이며, 내 속사람이 이 말씀을 양식처럼 받아먹고 서서히 힘을 낼 것이다.

하나님께 길을 여쭈어라

아침에 나로 하여금 주의 인자한 말씀을 듣게 하소서 내가 주를 의뢰함이니이다 내가 다닐 길을 알게 하소서 내가 내 영혼을 주께 드림이니이다 시 143:8

새벽에 해야 할 또 한 가지는 바로 길을 묻는 것이다. 다윗은 아침부터 무섭고 두려운 말씀, 징계의 말씀을 구하지 않았다. 대신 "주의 인자한 말씀"을 듣게 해달라고 간구했다. '인자'는 히브리어로 '헤세드'인데, 하나님의 신실하신 사랑과 변함없는 은혜를 뜻한다. 기지개를 켜면 몸이 깨어나듯 우리 영혼도 반드시 하나님의 인자한 말씀, 사랑의 말씀을 들어야 깨어난다.

나는 성격이 급한 편이다. 목회하다 보면 아침부터 분주하고 마음이 조급해질 때가 많아 아내에게 "지금 늦었어. 빨리 준비해"라고 다그치기도 했다. 그러면 아내가 내게 "여보, 조금 급해도 말을 좀 예쁘게 해줘요. 인자하게 말해줘요"라고 한다. 아내의 이름이 '이인자'라서 더더욱 '인자'하게 해달라고 한다.

그 말이 옳다. 아침부터 강한 말, 쏘아붙이는 말을 들으면 마음이 상한다. 부드럽고 사랑이 담긴 말을 들을 때 마음이 깨어난다. 우리 영혼도 하나님의 인자한 말씀, 사랑의 말씀을 들을 때 깨어난다. 그래서 다윗은 아침에 주의 인자한 말씀을 듣게 해달라고 구했다. 그리고는 이어서 "내가 주를 의뢰함이니이다"라고 고백한다. 주님께 맡긴다는 것이다.

사실 맡긴다는 것은 참 어렵다. 맡기고 난 뒤에는 주님이 인도하시는 대로 따라가야 하는데 쉽지 않다. 운전을 맡겼으면 운전하는 사람이 가자는 대로 가야 하는데 이 순종이 바로 '맡김'이다. 그렇다면 그 '맡김'은 언제 가능하겠는가? 내가 그 사람을 정말 신뢰할 때다. 그 사람을 깊이 사랑하고 내 마음의 모든 것을 맡길 만큼 확신이 있을 때 비로소 맡길 수 있다.

하나님의 사랑이 마음에 깊이 들어오면 자연스럽게 맡겨지지만, 그 사랑이 확실히 느껴지지 않으면 맡겨지지 않는다. 결국 내가 맡기지 못하는 이유는 하나님이 나를 얼마나 사랑하시는지 확신하지 못하기 때문이다.

그래서 우리는 새벽에 "주의 인자한 말씀을 듣게 하소서"라고 기도해야 한다. 여기서 '듣다'의 히브리어 '샤마'는 그냥 듣는다는 의미가 아니라 듣고 바로 순종한다는 뜻이다.

다윗은 말년까지도 하나님의 인자한 말씀을 듣고 순종하며 살았다. 우리도 이 길을 물어야 하지 않겠는가? 우리 삶에는 수많은 길과 출입이 있다. 하나님이 인도하지 않으시면 반드시 어려움을 당한다. 그래서 새벽에 다윗처럼 구해야 한다.

우리 교회에서 성령의 은혜를 구하는 시간을 갖고 있을 때 아내가 곁에서 내게 작은 목소리로 "이번에 은혜 좀 받았으면 좋겠어요"라고 말했다. 그 순간 '아, 내가 은혜를 끼쳐야 하나? 내가 뭘 더 잘해야 하나?' 하는 생각이 들자 평안하던 마음이 갑자기 흔들렸다. 그래서 조용히 "하나님, 제가 은혜를 끼쳐야 하는데 어떻게 하면 좋겠습니까?"라고 기도하니 주님이 내 마음에 이렇게 말씀하셨다.

"네가 은혜를 끼치는 거냐? 내가 은혜를 주는 거다."

그 말씀에 내 마음이 완전히 자유로워졌다. '맞다. 하나님이 은혜를 주시는 거지. 나는 그저 하나님의 종 아닌가? 말씀하신 대로 하면 되는 거지' 하면서 마음을 평안하게 하고 믿음으로 사역을 준비했다.

그날 나는 치유를 구하는 기도를 하고, 방언으로 기도하고, 사람들에게 손을 얹어 기도했다. 그런데 놀랍게도 기도하는 중에 내 마음에 성령님의 감동이 계속 임했다. "하나님이 성도님을 사랑하십니다. 인생길의 고단함을 아십니다. 비통과 좌절 속에 있는 성도님에게 성령께서 말씀하십니다"라고 선포했다.

내가 그날 성도들에게 전한 모든 말씀이 결국 하나같이 "주의 인자한 말씀"이었다. 정말 감사했다. 하나님이 그 자리에 오셔서 직접 인자한 말씀을 주셨기 때문이다.

나는 이 은혜를 당신과 꼭 나누고 싶다. 그래서 권면한다. 새벽에 깨어나면 이렇게 기도해보라!

"하나님, 주의 인자한 말씀을 들려주옵소서. 내가 주를 의뢰하오니 내가 다닐 길을 말씀해주옵소서. 내 영혼을 주께 드리오니 인도해주옵소서."

그러면 반드시 하나님께서 말씀하실 것이다. 주님의 인자한 말씀으로 당신의 영혼을 깨우시고 당신이 나아가야 할 길을 친히 밝혀주실 것이다.

11

환난 중에 드리는 응급기도

살다 보면, 여러 가지 어려움이 한꺼번에 몰려올 때가 있다. 그럴 때면 정말 정신이 어질어질하고, 마음은 답답하고, 앞길은 보이지 않는다. 어느 날 문득 이런 생각이 들었다.

'이렇게 어려움이 올 때마다 늘 주저앉고 좌절해야만 하나? 이왕이면 준비하고 대비해보자. 기도의 매뉴얼을 하나 갖춰두자. 어떻게 기도할지를 1번, 2번, 3번으로 정리해놓은 매뉴얼이 있다면 정말 힘들 때 좀 더 효과적으로 대처할 수 있지 않을까?'

그래서 "하나님, 극단적으로 어려운 상황에 처한 사람들이 어떻게 그 위기를 이겨냈는지 그 방법을 저도 배우고 싶습니다"라고 기도했을 때 하나님께서 내 마음에 감동을 주셨는데 바로 에스더서였다.

"죽으면 죽으리이다"(에 4:16).

민족의 생사가 달린 위기 앞에서 에스더가 고백한 말이다. 에스더서를 다시 읽으며 묵상하다 보니 확신이 들었다. 에스더서는 단순한 성경 이야기가 아니라 훌륭한 위기관리 매뉴얼이라고 부를 만한 신앙의 지침서였다. 이 에스더서를 통해 하나님께서 내게 가르쳐주신 것들을 함께 나누고자 한다.

금식하며 기도하라

위기 상황에서 첫 번째로 배운 반응은 금식하며 기도하는 것이다. 이 말이 뻔하게 들릴 수도 있겠지만 성경을 다시 읽고 깊이 묵상하면 결코 그렇지 않다는 것을 알게 된다.

하만의 계략으로 왕의 조서가 내려지고 유다 민족 전체가 멸망의 위협 앞에 놓여 위기에 빠졌을 때 유다인들이 처음으로 보인 반응은 무엇이었는가?

왕의 명령과 조서가 각 지방에 이르매 유다인이 크게 애통하여 금식하며 울며 부르짖고 굵은 베옷을 입고 재에 누운 자가 무수하더라 에 4:3

그들은 본능적으로 절박하게 금식하며 부르짖었다. 굵은 베옷을 입고 재에 눕는 것은 슬픔과 애통의 표현이었다. 금식하며 울며 부르짖는 기도는 단순한 종교 행위가 아니라, 민족 전체가 하나님 앞에 나아간 영적 반응이었다.

위기의 자리에서는 정리된 기도보다 울고 부르짖는 기도가 먼저 나온다. 금식은 단지 먹지 않는 것이 아니라, 간절한 마음을 드리는 것이다. 그래서 금식할 때 눈물이 많이 난다.

위기에는 부르짖음이 먼저다

연풍리에서 반찬 사역을 하던 어느 날, 아내와 함께 배달을 마치고 돌아오는 길에 금방이라도 배가 터질 듯한 만삭의 아프리카 여성 한 명이 혼자 걸어가는 것을 보았다. 그 모습이 너무 안쓰러웠다. 그때 아내가 말했다.

"여자들은 다 알죠. 임신하고 출산할 때 엄마가 해주는 밥이 얼마나 그립고 힘이 되는지…. 저 먼 아프리카에서 왔으니, 이 친구는 지금 얼마나 엄마가 그리울까…."

마음이 움직인 아내는 그 임부(姙婦)에게 조심스럽게 다가가 "Jesus loves you" 하고 인사를 건넸다. 그것이 아프리카 사역의 첫 문장이 되었다. 그다음 주에 그녀는 임신한 친구 두 명을 더 데리고 예배에 왔고, 그들은 어느새 여섯 명이 되었다. 우리는 갑작스럽게 여섯 명의 임부와 함께 예배를 드리게 되었다.

그들의 사정을 들어보니 더 가슴이 먹먹해졌다. 어떤 친구는 "우리나라에서는 아무리 공부를 많이 해도 돈을 벌 수 없어요.

경제가 무너졌어요"라며 생계를 위해 한국에 왔다고 했다. 다른 친구는 "종교 문제 때문에 도망쳐 왔어요. 남아 있으면 죽는 상황이었어요", 또 다른 친구는 "우리 지역은 기독교 탄압이 너무 심해서 예수님을 몰래 믿어야 했어요. 그래서 이 나라까지 왔어요"라고 고백했다.

그러나 한국에서도 이들의 어려움은 끝이 아니었다. 의료보험이 없어 산전검사비, 출산비, 산후조리비가 모두 정가로 들어가니 비용이 얼마나 나올지 예상도 안 되었다. 조산이라도 되면 인큐베이터 비용은 감당할 수 없는 금액이었다.

아이를 낳은 지 얼마 되지 않은 엄마들도 있었는데 형편이 너무 어려워서 아기를 아프리카에 있는 친척에게 맡기고 혼자 한국에 남는 경우가 많았다. 그러면 엄마는 핸드폰 영상통화로 아이를 볼 수밖에 없었다. 영상 속에서 아이가 "엄마, 나 데리러 와" 하며 울면 엄마도 핸드폰 화면을 붙잡고 같이 울었다. 그렇게 아이 얼굴을 보며 눈물로 하루하루 일하는 날이 계속되었다.

더 충격적인 건, 아이를 맡길 곳이 없어 방금 출산한 다른 산모 집에 아이를 맡기고 일을 나가는 경우였다. 파주에서 이태원까지 아이들을 맡기러 간다고 해서 함께 갔다. 기저귀 냄새가 가득하고 분유통이 굴러다니는 좁은 방 안에 아기 세 명이 널브러져 있었다. 더운 겨울 외투를 그대로 입혀두어 아이들은 땀투성이에다 눈물, 콧물로 범벅된 채 뒤엉켜 자고 있었다.

나는 그곳을 나오면서 아내에게 지나가는 말로 "우리가 한번 해볼까" 하고 툭 던졌는데 그날 아내는 울며 기도했다고 한다.

"하나님, 여기가 아프리카도 아니고 북한도 아닌데… 어쩌면 저 귀한 아이들이 여기서 이렇게 버려져 있어요? 하나님, 너무 불쌍해요…."

그때 하나님께서 아내에게 할 수 있는 마음을 주셨다.

"그 아이들 내가 돌볼게, 너희는 손과 발이 되어라."

그 후 우리는 아이들을 직접 돕기 시작했다. 출산하는 산모의 산후조리부터 우유와 기저귀 챙기기까지 작은 손길을 내밀었다. 그러다 결국 우리 교회 옆 작은 공간에서 아프리카 선생님 한 분과 아이 세 명으로 '조이하우스'가 시작되었다.

그 세 명이 곧 15명, 30여 명으로 늘어났고, 평택과 송탄에서까지 소문을 듣고 엄마들이 찾아왔다. 이 모든 사역은 한 명의 만삭 임부, 그리고 제대로 돌봄을 받지 못한 아이들을 보면서 시작되었다. 그날 하나님께서 눈물로 보여주신 그 자리에서 "우리가 한번 해볼까?" 하고 툭 던진 말에서 시작되었다.

각오와 결단보다 금식과 기도가 먼저다

위기에는 계획이 먼저가 아니고 부르짖음이 먼저다. 하나님은 부르짖는 자에게 하늘 문을 여신다. 하늘 문이 열리면 땅에서는 은혜가 나타난다. 에스더는 민족의 문이 막혔을 때 하늘 문을 먼저 두드렸다. 결단한 그녀는 자기 목숨을 걸고 왕 앞에 나아가기 전에 이렇게 말한다.

"당신은 가서 수산에 있는 유다인을 다 모으고 나를 위하여 금식하되 밤낮 삼 일을 먹지도 말고 마시지도 마소서 나도 나의 시녀와 더불어 이렇게 금식한 후에 규례를 어기고 왕에게 나아가리니 죽으면 죽으리이다"(에 4:16).

그녀는 '죽으면 죽겠다'라는 각오만으로 나아가지 않았다. 그 결단 앞에 반드시 금식과 기도가 먼저 있었다. 모르드개에게 유다인 전체를 모아 3일간 금식하며 하나님 앞에 나아갈 것을 요청하고, 자신도 시녀들과 함께 같은 금식의 자리에 들어가겠다고 말한다.

사람은 위기 앞에서 자기 본성이 드러난다. 어려움이 올 때 반응하는 방식이 곧 그 사람의 위기 대처 능력이다. 에스더와 유다 민족은 환난이 닥쳤을 때 금식하며 하나님을 찾았다. 환난 중에 하나님의 백성이 취할 가장 중요한 태도가 바로 이것이다.

금식기도는 단순히 밥을 안 먹는 행위가 아니라 하나님 앞에 전심으로 마음을 쏟아붓는 자세이고, 나의 한계를 고백하며 하나님의 도우심을 인정하고 간구하는 믿음의 행위다.

이것이 어찌 내가 기뻐하는 금식이 되겠으며 이것이 어찌 사람이 자기의 마음을 괴롭게 하는 날이 되겠느냐 그의 머리를 갈대같이 숙이고 굵은 베와 재를 펴

는 것을 어찌 금식이라 하겠으며 여호와께 열납될 날이라 하겠느냐 사 58:5

환난이 닥칠 때 즉시 하나님 앞에 금식하며 나아가는 법을 훈련해야 한다. 그것이 곧 위기의 순간을 믿음으로 통과하게 하는 지침서가 된다. 강퍅한 마음으로 하는 금식은 하나님이 기뻐하지 않으신다. 그분이 기뻐하시는 금식은 이런 것이다.

내가 기뻐하는 금식은 흉악의 결박을 풀어주며 멍에의 줄을 끌러 주며 압제당하는 자를 자유하게 하며 모든 멍에를 꺾는 것이 아니겠느냐 또 주린 자에게 네 양식을 나누어 주며 유리하는 빈민을 집에 들이며 헐벗은 자를 보면 입히며 또 네 골육을 피하여 스스로 숨지 아니하는 것이 아니겠느냐 사 58:6,7

결국 금식은 긍휼의 마음을 가지라는 하나님의 요구다. 음식을 끊는 것뿐 아니라 연약한 자에게 마음을 열고 손을 내밀라는 말씀이다. 그렇게 할 때 어떤 일이 일어나는가?

그리하면 네 빛이 새벽같이 비칠 것이며 네 치유가 급속할 것이며 네 공의가 네 앞에 행하고 여호와의 영광이 네 뒤에 호위하리니 네가 부를 때에는 나 여호와가 응답하겠고 네가 부르짖을 때에는 내가 여기 있다 하리라 … 사 58:8,9

금식기도에는 치유가 따른다. 응답이 따른다. 내 마음속에 있는 절망, 좌절, 고통, 씁쓸함, 상처 같은 것들이 하나님의 빛으로 바뀐다. 기쁨과 감사, 희열로 바뀐다. 너는 물 댄 동산 같을 것이며 물이 끊어지지 않는 샘 같으리라고 하신다.

> 여호와가 너를 항상 인도하여 메마른 곳에서도 네 영혼을 만족하게 하며 네 뼈를 견고하게 하리니 너는 물 댄 동산 같겠고 물이 끊어지지 아니하는 샘 같을 것이라 사 58:11

나는 이 말씀을 우리 교회를 위한 기도로 붙잡고 기도했다.

"하나님, 우리 교회에 이런 은혜를 주십시오. 금식하며 기도할 때, 이 말씀 그대로 이루어주십시오."

고난이 오는가? 금식하자. 3일 금식도 좋고 하루라도, 한 끼라도 좋다. 심지어 드라마나 유튜브라도 끊을 수 있다면 그 또한 하나님께 마음을 드리는 금식이다. 금식기도는 나를 괴롭게 하는 것이 아니라 하나님 앞에 나를 온전히 드리는 기도다. 치유가 임하고, 응답이 열리고, 하나님의 빛이 우리의 흑암을 몰아내시는 기도다.

말씀에 의지하여 순종을 결단하라

모르드개는 왕궁 바깥에서 옷을 찢고 울며 통곡했다. 그는 민족이 다 죽게 생긴 위기의 절박함을 행동으로 드러냈다. 왕궁 안에서 이 소식을 듣고 깜짝 놀란 에스더는 신하를 보내 모르드개의 사정을 알게 된다. 모르드개는 에스더에게 왕에게 나아가서 민족을 위하여 간절히 구하라고 요청한다(에 4:8 참조).

에스더가 왕의 부름 없이 나아가면 죽는 것이 법이기에 지금은 갈 수 없다고 하자 "너는 왕궁에 있으니 모든 유다인 중에 홀로 목숨을 건지리라 생각하지 말라 이때에 네가 만일 잠잠하여 말이 없으면 유다인은 다른 데로 말미암아 놓임과 구원을 얻으려니와 너와 네 아버지 집은 멸망하리라 네가 왕후의 자리를 얻은 것이 이때를 위함이 아닌지 누가 알겠느냐"(에 4:13,14)라고 단호히 대답한다.

이 말씀을 묵상하는데 베드로가 예수님을 처음 만났던 장면이 떠올랐다. 그는 밤새 물고기를 한 마리도 못 잡고 지친 채 그물을 정리하고 있었다. 그때 예수님이 베드로의 배에 올라 사람들에게 말씀을 전하신 후에 그에게 말씀하셨다.

"깊은 데로 가서 그물을 내려 고기를 잡으라"(눅 5:4).

말이 안 되는 상황이었다. 밤새 그물을 내렸으나 아무 소득도 없었고 심지어 새벽이었다. 경험상 더는 고기 잡을 때가 아니었지만 베드로는 이렇게 말했다.

"선생님, 우리들이 밤이 새도록 수고하였으되 잡은 것이 없지마는 말씀에 의지하여 내가 그물을 내리리이다"(눅 5:5).

말씀에 의지하여 순종했던 베드로처럼 에스더도 순종했다. 모르드개의 말은 사람의 말이었으나 그 속에서 하나님의 음성을 들은 것이다.

"네가 왕후의 자리를 얻은 것이 이때를 위함이라."

그 말씀이 가슴에 박힌 에스더는 말씀을 붙잡고 "내가 죽으면 죽으리이다"라고 결단한다. 그 말 속에 말씀에 의지한 순종의 믿음이 담겨 있다.

하나님이 어떤 길을 보여주실 때, 순종하고 싶지만 상황이 어렵고 사람들의 시선이 두렵고 내 안에 있는 불안이 나를 막아 마음이 죽을 것 같을 때가 있다. 그럼에도 말씀을 붙잡고 순종하려 하면 그 길에서 하나님이 은혜를 주신다.

죽는 줄 알았는데, 그 길이 생명의 길이 된다. 처음에는 도무지 안 될 것만 같고 마치 죽을 것만 같아도 "죽으면 죽으리라"라는 각오로 마음을 열고 기도하면 성령께서 빛처럼 임하신다. 한 걸음 더 나아갈 힘을 주시고 넉넉한 마음을 부어주신다. 하나님의 손길이 실제로 내 마음 안에서 일하기 시작한다.

하나님의 일하심을 기다리라

에스더는 하나님의 은혜를 입고 왕에게 나아간다. 죽을 수도 있는 자리였으나 은혜를 입어 살아남는다. 3일을 금식하고 나아간 에스더의 모습이 왕의 눈에 매우 사랑스럽고 예쁘게 보였다. 나는 이 지점이 하나님의 응답이라고 믿는다. 하나님께서 에스더에게 은혜의 문을 여신 것이다.

왕은 에스더를 보고 금 규를 내밀며 "왕후 에스더여 그대의 소원이 무엇이며 요구가 무엇이냐 나라의 절반이라도 그대에게 주겠노라"(에 5:3)라고 묻는다. 나라의 절반이라도 주겠다는 이 말은 단순한 기분의 표현이 아니다. 왕의 입에서 나오는 말은 곧 법이 되기에 그만큼 무게 있는 발언이다.

에스더는 이때 소원을 말하고, 유다 민족을 죽이려는 하만의 흉계를 지금 당장 밝힐 수 있었다. 지금이 바로 말할 타이밍인데도 오히려 왕을 위하여 잔치를 베풀었으니 하만과 함께 오시라고만 한다(에 4:4 참조). 지금 말해야 할 것 같은데 왜 침묵하고 아무 말도 하지 않을까? 나는 소원을 묻는 왕의 질문 앞에서 민족을 위한 간구를 미루는 그녀의 태도가 이해되지 않았다.

왕은 에스더가 말한 대로 하도록 명한다. 하만을 급히 불러 잔치에 참석시키고 잔치 자리에서 술을 마신 후에 또다시 에스더에게 소청이 뭐냐고 묻는다. 이제는 정말로 말해야 하지 않는가? 하지만 에스더는 여전히 말하지 않고 침묵한다.

이것은 의미 없는 지연이 아니라 하나님의 때를 기다리는 지혜다. 그 기다림 속에 감정과 충동을 이기고 하나님의 타이밍을 따르는 영적 분별이 담겨 있다. 에스더는 지금 하나님의 손길이 움직이기를 기다리는 것이다. 이것은 매우 중요한 지점이다.

아직 하나님이 움직이시지 않았다면, 내가 금식하고 기도하고 마음을 낮추고 말씀을 붙들며 준비했더라도, 말하지 않고 움직이지 않고 기다리는 것이 믿음이다. 때때로 우리는 기도하고 말씀을 붙잡았다는 이유로 '이제는 내가 나설 차례다! 하나님이 다 준비하셨을 테니, 내가 결정만 내리면 된다!'라고 성급하게 행동한다.

감사한 마음이 생기고 은혜가 부어져도 먼저 나서지 않고 기다리는 지혜가 필요하다. 하나님이 일하시기 전에 내가 먼저 나서면 오히려 하나님의 계획을 흐릴 수 있다. 믿음은 순종뿐 아니라 기다림까지 포함된 신앙의 태도다. 에스더는 지금 그 기다림을 실천하고 있는 것이다. 우리에게도 하나님께서 일하실 것을 믿고 그때를 기다릴 줄 아는 믿음이 필요하다.

바로 그날 밤, 뜻밖의 일이 일어난다. 밤에 잠이 오지 않던 왕이 역대 일기를 가져다가 읽힌 것이다. 보통 사람은 잠이 안 와도 역사서를 읽지는 않을 것 같은데 왕은 역사서를 읽었다. 이 일은 평범한 사건이 아니다. 하나님의 손길이 그 밤을 주관하고 계셨기에 가능한 일이었다.

역사서를 읽는 중에 왕은 "문을 지키던 왕의 두 내시 빅다나와 데레스가 아하수에로 왕을 암살하려는 음모를 모르드개가 고발하였다"(에 6:2)라는 기록을 듣는다. 그리고는 이 일에 대하여 무슨 존귀와 관작을 모르드개에게 베풀었느냐고 물었고, 아무것도 베풀지 않았다는 대답을 듣게 된다.

그때, 아침 일찍 하만이 왕 앞에 나타난다. 그는 모르드개를 장대에 매달기 위해 왕의 허락을 받으러 온 참이었다. 왕이 모르드개에게 상을 내릴 심산으로 "내가 존귀하게 하기를 원하는 사람에게 어떻게 하여야 하겠느냐" 하고 묻자 하만은 그게 자기인 줄 알고 자기가 대접받고 싶은 내용을 이야기한다.

그런데 왕은 그의 말대로 속히 왕복과 말을 가져다가 모르드개에게 하나도 빠짐없이 행하라고 명령한다. 결국 하만은 자신이 매달려던 모르드개를 왕의 말에 태워 높이고 칭송하게 되었다.

이 일은 언제 일어난 일인가? 바로 에스더가 아무 말도 하지 않고 기다렸던 그날 밤이다. 에스더는 움직이지 않았지만, 하나님은 움직이고 계셨다.

왕의 마음이 움직이고, 모르드개가 높아지고, 하만이 스스로 무너지기 시작한 이 모든 일은 에스더의 침묵 속에서 하나님이 친히 일하신 사건이다. 하나님이 일하시는 그때를 기다리는 그 믿음이 하나님의 손을 움직인 것이다.

다음 날, 두 번째 잔치가 열리고 왕이 소원을 묻자, 이제는 에스더가 드디어 자신의 진짜 소원을 말한다.

"왕이여 내가 만일 왕의 목전에서 은혜를 입었으며 왕이 좋게 여기시면 내 소청대로 내 생명을 내게 주시고 내 요구대로 내 민족을 내게 주소서"(에 7:3).

결국 하만은 모르드개를 매달려고 준비했던 장대에 오히려 자신이 매달린다. 이 모든 것은 하나님의 완벽한 타이밍 안에서 일어난 역사다.

에스더는 말하고 싶은 것을 바로 말하지 않고 기다렸다. 소원을 세 번이나 물어보는 그 순간까지도 인내하며 하나님의 일하심을 기다렸다. 마침내 하나님이 직접 역사하시는 때가 임하였을 때, 그 자리에서 모든 판도가 뒤집혔다.

우리도 기도하며, 말씀을 붙잡고, 믿음으로 나아가되, 하나님이 일하실 때까지 기다려야 한다. 내가 먼저 움직이면 하나님의 역사하심을 놓칠 수 있다. 급한 마음으로 말하고, 결정하고, 행동하다 보면 정작 하나님의 강력한 손길을 체험할 기회를 나 스스로 지나쳐버릴 수 있다.

하나님은 반드시 일하시는 분이다. 그분의 일하심을 보는 사람은 끝까지 기다리는 사람이다. 그러니 이렇게 기도하자.

"주님, 제 급한 마음을 참게 하시고 주님이 일하실 때를 기다리게 하소서. 제가 먼저 나서서 주님의 계획을 흐리지 않게 하시고, 침묵 속에서도 주님이 움직이고 계심을 믿게 하소서. 끝까지 기다리는 믿음으로 주님의 완벽한 타이밍을 경험하게 하옵소서. 예수님의 이름으로 기도드립니다. 아멘."

12

위기를 돌파하는 부르짖음의 기도

부르짖는 기도를 아는 사람과 그렇지 못한 사람은 신앙의 깊이와 삶의 돌파력에서 큰 차이가 난다. 부르짖는 기도를 통해서만 열리는 것이 있기 때문이다. 목회해오는 동안, 어려움에 빠져 있던 성도가 부르짖어 기도하여 그 고난을 뚫고 나오는 것을 참 많이 목격했다. 삶이 막혀 답답할 때는 부르짖어 기도해야 한다.

너는 내게 부르짖으라 내가 네게 응답하겠고 네가 알지 못하는 크고 은밀한 일을 네게 보이리라 렘 33:3

예레미야가 시위대 뜰에 갇혀 있을 때 하나님께서 그에게 주신 말씀이다. 바벨론에 의해 멸망하기 직전이었던 남유다는 이미 절망적인 상황이었다. 예레미야는 하나님의 말씀을 대언하다가 지도자들에게 미움을 받아 구금되었다. 그러므로 부르짖는 기도는 언제 해야 하는가? '내 인생이 갇혀 있을 때'다.

예레미야는 실제로 물리적인 감옥에 갇혔지만, 우리는 눈에 보이지 않는 감옥에 갇히는 경우가 너무나 많다. 물질의 압박 때문에 숨조차 쉬기 힘든 '물질의 감옥', 건강 문제로 병과 씨름하며 고통받는 '아픔의 감옥', 깨어지고 꼬여버린 관계 속에서 헤어나오지 못하는 '인간관계의 감옥', 끊지 못해 스스로 묶이는 '중독의 감옥' 등 수많은 감옥이 우리에게 크나큰 고통을 준다.

하나님은 갇힌 예레미야에게 기도 제목을 주시지 않았다. 부르짖는 기도 방법을 주셨다. 왜 기도 내용을 알려주는 대신 부르짖으라고 말씀하셨을까? 기도의 방법을 바꾸라고 하신 것이다. 여러 문제로 감옥 같은 상황에 갇혀 마음이 너무 괴롭고 고통스러울 때 묵상기도와 침묵기도도 좋지만, 하나님은 "부르짖으라"라고 하신다.

부르짖어 기도하면 높은 담을 뛰어넘게 된다

성경에는 부르짖어 기도한 사람이 참 많다. 그들은 위기의 순간에 그저 조용히 마음속으로만 기도하지 않았다. 하나님 앞에서 마음을 다해 소리를 높여 부르짖었다.

출애굽하던 이스라엘 백성이 앞은 홍해로 막히고 뒤에는 애굽 군대가 추격해와서 완전한 '사면초가'의 상황이었을 때 모세는 하나님께 부르짖었고, 모세가 부르짖자 하나님은 길을 내셨다.

여호와께서 모세에게 이르시되 너는 어찌하여 내게 부르짖느냐 이스라엘 자손에게 명령하여 앞으로 나아가게 하고 출 14:15

다윗은 시편에서 얼마나 많이 부르짖었는지 모른다.

내가 환난 중에서 여호와께 아뢰며 나의 하나님께 부르짖었더니 그가 그의 성전에서 내 소리를 들으심이여 그의 앞에서 나의 부르짖음이 그의 귀에 들렸도다 시 18:6

코로나 시기, 정부는 예배당에서 서로 2미터씩 떨어져서 예배를 드리라고 했다. 온라인 예배로 전환하거나, 몇십 명씩 나눠서 여러 번 예배를 드려야 했다. 좁은 예배당에서는 사회적 거리 두기를 지키는 것 자체가 불가능했고, 성도들은 서로 만나지도 못한 채 각자의 집에서 화면으로만 예배를 드렸다. 많은 교회가 예배를 멈추거나 축소하던 시기였다.

그런데 연풍리의 아프리카교회는 이미 버려진 공장, 넓은 공간을 무료로 사용할 수 있도록 전 주인의 허락을 받은 상태여서 그 큰 공장에서 사회적 거리를 충분히 유지하며 예배를 중단하지 않고 계속 드릴 수 있었다. 넓은 공간 곳곳에 의자를 배치하고, 사람들은 안전하게 떨어져 앉아 함께 찬양하고 기도할 수 있었다. 다른 교회들이 문을 닫을 때 오히려 더 자유롭게 예배드릴 공간을 갖게 된 것이다. 아무도 들어가려 하지 않던 그 으스스한 공간이 코로나라는 재난 속에서 하나님이 예비하신 은혜의 통로가 되었다.

그런데 한 가지 문제가 있었다. 한국인은 코로나에 걸려 격리되면 생필품이 집 앞에 배달되고, 재난지원금도 받고, 필요한 것을 전화로 해결할 수 있었지만, 아프리카 친구들은 정부의 지원 시스템 밖에 있어 아무것도 받을 수 없었다. 전화해서 "이걸 좀 가져다주세요"라고 부탁하는 것조차 어려웠다. 돈도 없고, 말도 통하지 않았기 때문이다.

어떤 친구는 코로나에 걸려 집에 격리됐는데, 먹을 것도 없고 누구에게 도움을 청해야 할지도 몰라 그냥 굶으며 버텨야 했다. 병원에 가고 싶어도 의료보험이 없어 진료비가 두려웠고, 언어가 통하지 않아 증상을 설명할 수도 없었다. 그들은 한국 땅에서 완전히 고립된 채 혼자 싸우고 있었다.

그때 하나님께서 그 공장을 통해 길을 열어주셨다. 우리는 그 넓은 공간을 사용해 아프리카 친구들에게 꼭 필요한 우유, 식빵, 달걀, 과일 등을 나눌 수 있었고, 그곳에서 계속 만나며 섬길 수 있었다. 공장의 넓은 공간 덕분에 안전하게 거리를 두면서도 물품을 전달할 수 있었다. 한쪽에서는 예배를 드리고, 다른 한쪽에서는 생필품을 나누는 구호 거점이 되었다. 코로나로 세상이 멈춘 시기에도 그 공장만큼은 생명을 살리는 일이 멈추지 않았다.

정말 특별한 일이 있었다. 코로나인데도 의료팀이 직접 공장으로 찾아와 병원에 갈 수 없는 아프리카 친구들을 진료해주었다. 의사와 간호사로 구성된 그 팀은 방호복을 입고 와서, 열이 나는 친구들을 진찰하고 건강 상태를 하나하나 체크해주고 약을 나눠주었다. 병원에 갈 엄두도 못 내던 친구들이 그날 처음으로 제대로 된 의료 서비스를 받았다.

그 의료팀은 딱 한 번 방문하고 마치 천사처럼 사라졌다. 그들에게 너무 감사해서 다시 연락하려 했지만, 연락처를 제대로 받지 못했다. 어디서 왔는지, 누가 보냈는지도 정확히 알 수 없었다. 이후에 다른 팀들이 오기는 했지만, 그 첫 의료팀은 다시 볼 수 없었다. 그들이 정말 사람이었는지, 아니면 하나님이 보내신 천사였는지 지금도 궁금하다.

사람들은 피하던 버려진 공장이었지만, 그 시기에 하나님은 그곳을 예배 자리로, 피난처로, 그리고 아프리카 친구들을 살리는 통로로 사용하셨다. 아무도 원하지 않던 공간, 드라마에서 살인 현장으로 나왔던 그곳이 코로나라는 어둠 속에서 빛을 발하는 등대가 되었다. 생명을 살리고 희망을 나누는 하나님의 성전이 된 것이다.

부르짖는 기도는 성경에만 있는 것이 아니다. 지금도 일어난다. 눈에 보이는 담이 막히면 사람은 포기하거나 불평한다. 그러나 부르짖으면 하나님이 담을 넘게 하신다. 다윗의 고백처럼 부르짖는 기도가 담을 뛰어넘게 하는 능력이 되었다.

내가 주를 의뢰하고 적군을 향해 달리며 내 하나님을 의지하고 담을 뛰어넘나이다 시 18:29

나는 부르짖는 기도를 참 많이 체험했다. 교회에서 너무 큰 목소리를 내면 성도님들이 놀랄까 봐 차를 몰고 나간다. 한적한 곳에 차를 세우고 "하나님, 저 부르짖어 기도하겠습니다!"라고 한 다음, 소리를 최대한 높여 기도한다. 처음에는 5분간 미친 사람처럼 소리를 지르며 기도한다. 그러면 신기할 정도로 강한 힘이 내 안에 부어지는 것을 느낀다. 목은 조금 아프지만, 그 힘 때문에 영적으로 확 뚫어지는 은혜를 받는다.

예수님도 "구하라 그리하면 너희에게 주실 것이요 찾으라 그리하면 찾아낼 것이요 문을 두드리라 그리하면 너희에게 열릴 것이니"(마 7:7)라고 말씀하셨다. 보통의 기도가 '톡톡톡' 문을 두드리는 것이라면, 부르짖는 기도는 마치 망치로 문을 '쾅쾅쾅' 두드리는 것과 같다. 부르짖는 기도를 통해 하나님의 힘이 부어지고 영적 담과 갇힌 상황이 뚫린다.

감옥에 갇힌 상황, 사방으로 욱여쌈을 당한 상황, 정말로 절망적인 상황일 때는 부르짖어야 한다. 그때 하나님께서 길을 여시고 담을 뛰어넘게 하시는 은혜를 주신다. 부르짖는 기도를 통해서만 열리는 것들이 분명히 있다. 용기 내어 기도해보라. 그때 하나님이 주시는 '뚫어지는 은혜', '돌파하는 은혜'를 반드시 맛보게 될 것이다.

믿음의 언어가 회복된다

부르짖는 기도를 하면 정말 놀랍게도 믿음의 언어를 회복하게 된다. 예레미야의 시대는 나라가 망하기 직전이었다.

이미 130년 전에 북이스라엘은 앗수르에 멸망했고 남유다도 바벨론에 무너질 절망적인 시국에 눈물의 선지자 예레미야는 하나님의 말씀을 대언하며 얼마나 울었는지 모른다. 통곡하면서 "회개하라! 돌아오라!" 하고 외쳤으나 사람들은 듣지 않았다. 결국 예레미야는 바벨론 포로 70년을 예언하다가 시위대 뜰에 갇히게 되었다.

사람이 정말 낙심하면 침묵하게 된다. 엘리야는 북이스라엘에서 아합왕과 이세벨을 마주했다. 갈멜산에서 850명의 바알과 아세라 선지자를 상대로 싸워 완전히 승리했고 하늘에서 불이 내려 하나님의 살아 계심을 증거했다. 열왕기상 18장에 나온 이 승리의 상황은 불과 한 장 뒤인 19장에서 전세가 뒤바뀐다.

분노한 이세벨이 "내가 내일 이맘때에는 반드시 네 생명을 저 사람들 중 한 사람의 생명과 같게 하리라 그렇게 하지 아니하면 신들이 내게 벌 위에 벌을 내림이 마땅하니라"(왕상 19:2)라는 말을 전하자 그 용맹했던 엘리야가 자기 생명을 구하려 광야로 도망가더니 하나님께 자기를 죽여달라고 청한다(왕상 19:3,4 참조). 엘리야도 결국 변화 없는 현실 앞에서 낙심했다.

사람은 그렇다. 하나님의 일에 최선을 다하다가도 변화가 없으면 낙심하고 침묵하게 된다. 우리도 그렇지 않은가? 가족을 위해서 최선을 다해 기도하고 하나님께 은혜를 구했는데 아무런 변화가 없으면 낙심과 절망이 온다. 교회에서도 열심히 일하다가 어느 순간 가만히 있는 분을 보면 '아, 지금 어려운 상황이시구나' 하는 생각이 든다.

침묵은 침묵으로 끝나지 않는다. 신기할 정도로, 사람은 침묵하면서도 속으로 현실만 계속 반복해서 이야기한다. '이래서 안 돼… 저래서 어려워…'라고 현재 상황만 되뇌며 그 말을 귀로 듣다 보면 자연스레 불평과 원망으로 이어진다.

시위대 뜰에 갇힌 예레미야도 그랬을 것이다. "하나님, 아무리 말씀을 전해도 이 백성은 돌이키지 않습니다. 하나님이 일하시지 않는 것 같습니다"라고 현실만 자꾸 이야기하고 싶었을 것이다. 그런 상황에서 하나님의 말씀이 그에게 두 번째로 임했다.

> 일을 행하시는 여호와, 그것을 만들며 성취하시는 여호와, 그의 이름을 여호와
> 라 하는 이가 이와 같이 이르시도다 렘 33:2

하나님은 그분 자신을 소개하며 "나는 일을 행하는 여호와다. 그것을 만들고 성취하는 여호와다"라고 강조하신다. 왜 이렇게 까지 말씀하셨을까? 예레미야가 하나님께서 일하지 않으시는 것같이 느꼈기 때문이다. 하나님은 이어서 "너는 내게 부르짖으라"라고 말씀하신다.

> 너는 내게 부르짖으라 내가 네게 응답하겠고 네가 알지 못하는 크고 은밀한 일
> 을 네게 보이리라 렘 33:3

왜 부르짖으라고 하실까? 낙심하면 침묵하게 되고, 침묵하면 현실만 자꾸 얘기하기 때문이다. 그러나 하나님은 감옥의 상황을 얘기하지 말고, 내게 부르짖으라고 하셨다.

내 경험상 부르짖는 기도에는 이런 능력이 있다. 처음에는 현실을 말하며 "하나님, 너무 답답합니다. 살 수가 없습니다"라고 낙심을 고백해도, 조금 더 부르짖다 보면 "하나님은 나의 목자이십니다. 하나님은 나의 방패이십니다. 하나님은 나의 하나님이

십니다"라고 입술의 고백이 바뀐다.

부르짖고 나면 마음만 시원한 것이 아니라 실제로 내 언어도 새로워진다. "그래, 내가 하나님을 믿고 의지해야지. 부정적인 말을 하지 말아야지" 하는 고백이 저절로 나온다. 시편을 보면 다윗도 그랬다. 처음에는 "너무 힘듭니다. 주님, 왜 멀리 계십니까?"라고 하다가 나중에는 "하나님을 찬양합니다. 주님은 영원히 왕이십니다" 하고 끝난다. 부르짖는 기도를 하면 이처럼 믿음의 언어가 살아난다.

신기한 것이 하나 더 있다. 부르짖어 기도하면 생각도 정리된다. 침묵기도나 묵상기도를 해보면 영적으로 굉장히 예민해지는데 내 경우는 좋은 것뿐만 아니라 불안하고 나쁜 것도 예민하게 깨어난다. 마치 물결이 잔잔해져 바닥까지 다 보이는데 좋은 것뿐 아니라 더러운 것도 함께 보이는 것과 같다.

하지만 부르짖는 기도는 다르다. 막 부르짖어 기도하면 나쁜 것은 다 떨어져 나가고 좋은 것만 살아난다. 성령이 강하게 임하시며 내 안을 뜨겁게 채우신다. 생각이 자꾸 부정적으로 흐르기만 하고 정리되지 않는다면 꼭 부르짖어 보라. 10분이든, 30분이든 성령의 인도하심을 따라 뜨겁게 기도하면 내 생각이 맑고 뚜렷해지며, 성령의 은혜가 강하게 들어오는 것을 반드시 경험하게 될 것이다.

크고 은밀한 일을 보게 된다

부르짖어 기도하면 크고 은밀한 일을 보게 되는 은혜가 있다. 하나님이 직접 "네가 알지 못하는 크고 은밀한 일을 보이리라"라고 말씀하셨기 때문이다. 이보다 더 분명하고 뚜렷한 응답의 약속 말씀이 어디 있겠는가. 부르짖어 기도하면 하나님이 응답하겠다고 하셨다.

간증하는 사람들이 언제 성령님을 만나고, 영적인 체험을 하고, 그 뜨거운 불을 받았는지 그들의 이야기를 가만히 들어보면 부르짖어 기도할 때 그런 은혜를 받은 경우가 많다. 부르짖어 기도하다 보면 어느 순간 몰입되고 내 생각이 그 안으로 깊이 빠져 들어 가면서 새로운 하나님의 나라, 곧 하늘 문이 열리는 것을 경험하게 된다.

나 또한 뜨겁게 부르짖으며 하나님 앞에 몰입해 간절히 기도할 때 그런 영적 체험을 했다. 정말 쑥 빨려 들어가는 것 같았고, 눈을 감았는데 눈이 시원해지면서 또 다른 차원으로 넘어가는 은혜를 받았다. 이 같은 체험 중에 방언을 받거나 환상을 보기도 하고, 하나님의 특별한 은혜를 체험한 분들도 계실 것이다.

부르짖어 기도하는 사람은 하나님이 주시는 새로운 희망을 보게 된다. 현실의 삶이 당장 변하지 않아도 영적으로 아주 큰 비전과 소망을 얻게 된다. 그러니 반드시 부르짖는 기도를 배우고 직접 해봐야 한다. 큰 소리로 확 지르는 것이다!

주변에 사람이 있으면 좀 불편할 수 있으나 확 지르고 나면 그 다음은 성령께서 친히 이끌어 가신다. 막 소리를 지르다 보면 어느 순간 성령님이 내 입술을 주장하셔서 입에서 나오는 대로 기도를 쏟아내게 된다. 그렇게 몇 번 하고 나면 부르짖는 기도가 이런 것이며 지금까지 내 기도는 너무 약했다는 것을 깨닫게 된다. 그리고 기도가 영적으로도 강해진다. 진짜 힘을 얻고, 크고 은밀한 일을 보며, 하늘 문이 열리는 은혜를 체험하게 된다.

교만이 깨진다

부르짖는 기도를 하면 내 속의 교만이 깨진다. 부르짖는 기도는 생각보다 정말 쑥스럽고 잘 안된다. 완전히 크게 부르짖는 것은 보통 혼자 있을 때나 할 수 있다. 물론 교회에서도 할 수 있지만, 옆 사람의 시선이 신경 쓰여서 쉽지 않다. 실제로 적잖은 교회에서 통성으로 기도하는 것을 그리 권면하지 않는다.

그래도 부르짖는 기도는 필요하다. 전심으로 기도하는 은혜를 누리기 때문이다. 부르짖는 기도는 몸도 쓰고 마음도 다 쓰게 된다. 막 부르짖어 기도하면 마음이 하나가 되고 전심이 된다. 하나님은 전심으로 나를 찾고 찾으면 만날 것이라고 말씀하셨다.

너희가 온 마음으로 나를 구하면 나를 찾을 것이요 나를 만나리라 렘 29:13

맹인이면서 거지였던 바디매오는 참 불쌍하고 안타까운 사람이었다. 그가 예수님이 지나가신다는 소식을 듣고 크게 부르짖으니 사람들이 조용히 하라며 꾸짖었다(막 10:46-48 참조). 그런데도 바디매오는 멈추지 않았다. 오히려 더욱 크게 소리 질렀다.

예수님은 이것을 믿음으로 보셨다. 왜 그런가? 그가 예수님만이 나의 치료자이며 유일한 구주라는 믿음으로 소리를 질렀기 때문이다.

바디매오의 외침에 옆에서 사람들이 시끄럽다고 할 때는 예수님이 말씀하지 않으셨다. 그런데 바디매오가 더욱 크게 부르짖자 걸음을 멈추고 그를 불러오게 하시고 그의 눈을 뜨게 하셨다(막 10:49-52 참조).

사람들이 시끄럽다고 하면 부르짖기를 멈추기 쉽다. 주변의 눈치도 보이고 '내가 이렇게 해봐야 무슨 소용인가…' 하는 낙심이 들어 멈추려 한다. 그런 마음이 들 때는 내 자아를 꺾어야 한다. 절박해야 부르짖는다. 주님을 온전히 의지해야 부르짖을 수 있다. 부르짖어 기도하면 나를 내려놓게 된다. "주님, 저에게는 정말로 주님밖에 없습니다!" 하고 가슴을 치며 크게 외칠 때 비로소 자아가 꺾이고, 겸손해지고, 낮아진다.

전심으로 부르짖어 기도하는 사람은 다시 일어날 힘을 얻는다. 위기를 넘어설 수 있다. 위기를 한두 번 넘어서는 경험이 하나님의 큰 역사가 일어나는 촉매제가 된다.

부르짖을 때 내 언어가 새로워지고 믿음을 얻게 된다. 생각이 정리되며 크고 은밀한 일을 본다. 막힌 상황이 뚫린다. 현실의 장벽을 뛰어넘는 동시에 하늘 문이 열린다. 하나님을 체험하고, 성령을 체험하고, 불을 받는다. 자아가 꺾이는 은혜를 받는다.

위기를 돌파하고 싶다면 부르짖어 기도하라! 기도의 방법을 새롭게 해보라! 하나님이 반드시 그 기도에 응답하실 것이다!

13

고난 중에 드리는 응급기도

어려움이 지속되면 보통 이런 기도를 드리게 된다.

"하나님, 이 고난 좀 그만 받게 해주세요. 이 괴로움에서 벗어나게 해주세요."

구약의 욥은 달랐다. 욥은 우리가 상상할 수도 없는 깊은 고난을 겪었으나 고난을 없애달라고 간구하지 않았고 그저 괴로움에서 벗어나는 것을 목표로 삼지도 않았다.

욥기를 읽으면서 내가 고난 가운데 기도의 방향을 잘못 잡고 있었다는 사실을 깨달았다. 내가 시험에서 자꾸 넘어지고 같은 시험을 반복해서 받았던 것은 하나님 앞에서 제대로 알지 못한 것이 있었기 때문이다.

특별히 고난 가운데 있을 때, 그 고난이 크든 작든 간에 우리는 어떤 방향으로 기도해야 하는지, 하나님이 원하시는 기도는 무엇인지를 함께 나누고자 한다.

고난 중에도 원망 대신 예배하라

고난당하면 종종 하나님께 불평하거나 원망하고 싶은 마음이 든다. 속상하고 억울하고 납득되지 않는 상황이 반복되면 기도조차 막힐 때가 있다. 그러나 욥은 그러지 않았다. 하나님을 원망하는 대신 오히려 예배했다.

욥이 겪은 재앙은 상상을 초월한다. 하루는 스바 사람이 갑자기 와서 칼로 종들을 죽이고 소와 나귀를 빼앗았다. 이것은 시작에 불과했다. 하나님의 불이 하늘에서 떨어져서 양과 종들을 살라버렸다. 이쯤 되면 머리가 하얘졌을 상황이다.

그런데도 여기서 끝나지 않는다. 계속해서 또 다른 사환이 들어와, 갈대아 사람이 무리 지어 낙타에게 달려들어 그것을 빼앗으며 칼로 종들을 죽였다고 전한다. 마지막으로 최악의 소식이 전해진다. 욥의 자녀들이 맏아들의 집에 모여 음식을 먹는데 큰 바람이 불어 집이 무너져 그들이 모두 죽었다는 것이다.

이 모든 일이 한날한시에 연달아 벌어졌다. 재산을 잃고, 종들을 잃고, 열 자녀 모두를 하루아침에 잃는 말로 표현하기 힘든 재앙이었다. 그런데 욥은 이 엄청난 비극 속에서 하나님을 원망하지 않았다. 그가 선택한 길은 예배였다.

욥이 일어나 겉옷을 찢고 머리털을 밀고 땅에 엎드려 예배하며 욥 1:20

이 부분이 욥기의 핵심이자 우리가 겪는 고난의 방향을 다시 생각하게 만드는 지점이다. 욥은 단지 입으로만 고백한 것이 아니라 실제로 땅에 엎드려 예배드렸다. 바로 이것이 고난의 한복판에서 그가 택한 첫 번째 반응이었다. 이 놀라운 태도에 대해 성경은 이렇게 평가한다.

이 모든 일에 욥이 범죄하지 아니하고 하나님을 향하여 원망하지 아니하니라 욥 1:22

"범죄하지 아니하고"는 곧 욥이 입술로 죄를 짓지 않았다는 의미다. 그는 입술로 원망의 말을 하지 않았고 오히려 하나님을 찬양한다.

우리도 삶에서 크고 작은 고난을 겪는다. 특히 재정적인 어려움과 자녀 문제는 많은 사람에게 깊은 고통을 준다. 그런 상황에서는 흔히 "하나님, 자녀 좀 고쳐주세요", "하나님, 돈 문제 좀 해결해주세요"라고 기도한다. 그것이 당연해 보이지만, 욥은 달랐다. 모든 것을 잃었을 때도 자신의 억울함을 호소하지 않았고,

문제를 해결해달라고 기도하지도 않았다. 대신 땅에 엎드려 하나님을 경배하며 이렇게 고백한다.

이르되 내가 모태에서 알몸으로 나왔사온즉 또한 알몸이 그리로 돌아가올지라 주신 이도 여호와시요 거두신 이도 여호와시오니 여호와의 이름이 찬송을 받으실지니이다 하고 욥 1:21

그는 하나님이 주신 것에 감사할 뿐 아니라, 거두어 가신 것에도 여전히 하나님을 찬송했다. 이것이 바로 환난 중에도 예배하는 믿음의 본질이다. 하나님이 주셨기에 감사하고, 하나님이 거두셨기에 찬양하는 것. 욥은 하나님을 조건 없이 예배한 사람이었다. 그리고 그것이 바로 고난 가운데 우리가 택해야 할 첫걸음이라는 것을 보여준다.

고난은 그저 인생의 불행이나 실수가 아니다

욥기의 배경을 살펴보면 욥의 태도가 정말 옳았음을 더욱 분명히 알 수 있다. 욥이 당한 고난은 단순한 재앙이 아니었다. 이 모든 일은 하나님의 허락 아래 사탄이 주도한 일이었다. 욥기는 우리로서는 알 수 없는 하늘의 회의, 하나님나라에서 일어난 일을 보여준다. 눈에 보이지 않는 영적 세계 속에서 어떤 일이 있었는지, 사탄이 어떻게 역사하는지, 하나님은 어떻게 은혜로 다스리시는지를 잠시나마 생생히 보여주는 장면이다.

어느 날 하나님의 아들들이 여호와 앞에 섰고 사탄도 그들 가운데 왔다. 하나님께서 네가 어디서 왔느냐고 물으시자 사탄은 "땅을 두루 돌아 여기저기 다녀왔나이다"(욥 1:7)라고 대답한다. 이는 "우는 사자같이 두루 다니며 삼킬 자를 찾는"(벧전 5:8) 사탄의 모습을 떠올리게 한다.

그때 하나님께서 먼저 "네가 내 종 욥을 주의하여 보았느냐 그와 같이 온전하고 정직하여 하나님을 경외하며 악에서 떠난 자는 세상에 없느니라"(욥 1:8)라고 말씀하시자 사탄은 욥이 하나님을 믿는 이유는 하나님이 그에게 재물과 자식을 복으로 주셨기 때문이라고 주장한다(욥 1:9-11 참조). 한마디로 사탄의 시험은 '욥의 신앙이 복에 의존한 것인지, 온전히 하나님께로 향한 것인지' 확인하려는 것이었다.

많은 사람이 '이때 하나님이 욥 이야기를 굳이 꺼내지 않으셨으면 욥이 이런 고난을 안 당했을 텐데'라고 생각한다. 하지만 그 모든 것에는 하나님의 뜻이 있고, 그렇듯 먼저 욥을 언급하신 데는 분명한 이유가 있다. 하나님은 "내가 그의 소유물을 다 네 손에 맡기노라 다만 그의 몸에는 네 손을 대지 말지니라"(욥 1:12)라고 말씀하셨다. 하나님은 욥을 신뢰하셨고 그의 믿음을 통해 하나님의 영광이 드러나기를 원하셨다.

이 장면을 통해 고난은 단순히 인생의 불행이나 실수의 결과가 아님을 깨닫는다. 때로는 하나님이 우리를 신뢰하셔서 하나님의 영광을 드러내시려는 영적 싸움일 수 있다. 욥의 고난은 그 싸움의 최전선에 있었다. 이 사실을 알면 우리가 고난을 대하는 태도가 완전히 달라질 수 있다. 고난 속에서도 하나님을 예배하는 것이야말로 믿음의 진실함을 증명하는 것이다.

재정이 무너졌을 때 사탄은 우리가 하나님을 원망하고 "빨리 회복시켜 주세요! 빨리 공급해주세요!"라고 외치며 감정적으로 무너지기를 바란다. 자녀에게 문제가 생기면 "하나님, 왜 그런 어려움을 주십니까?"라고 불평하고 믿음을 버리게 만든다. 결국 사탄이 의도한 대로 반응하여 시험에 걸려 넘어진다.

욥은 그렇게 행동하지 않고, 자신이 겪는 고난의 배경을 전혀 알지 못하는 상황에서도 하나님 앞에서 바른 태도를 보였다. 이것이 전적인 하나님의 은혜다. 하나님께서 이를 성경에 기록하게 하여 우리에게 욥의 반응을 보게 하신 이유가 여기에 있다.

욥은 자신의 입술부터 지켰다. 고난 가운데서 "재정을 회복시켜주세요", "자식을 살려주세요"라고 외치기 전에, 먼저 자신의 입술로 죄짓지 않도록 침묵했다. 시험에 들면 제일 먼저 무너지는 것이 '입술'이다. 그 순간에 우리는 실수하거나 원망하는 말을 쉽게 내뱉지만, 욥은 예배를 드렸다. 단순히 형식적인 예배가 아니었다. 하나님을 높이는 예배였다. 하나님을 원망하지 않는 정도에 그친 게 아니라, 그분의 이름을 찬양했다.

마음에 와닿지 않고 감정도 따라주지 않을 수 있으나 이것은 정말로 중요한 신앙의 핵심이요 어떤 시험과 어려움이 닥쳐도 반드시 배워야 할 태도다.

입술을 봉하고 입술에 파수꾼을 세우자. 감정은 무너질지라도 영혼은 하나님을 높여 "주신 이도 여호와시요 거두신 이도 여호와이십니다"라는 고백과 함께 예배드리자. 고난을 이기는 첫걸음은 불평이나 감정의 토로가 아니라 입술로 드리는 찬양과 예배라는 사실을 잊지 말아야 한다.

고난 중에도 하나님을 경외하라

대개는 시험을 이기기 위해 기도나 찬양, 혹은 문제 해결을 위해 부르짖는 방식을 떠올린다. 그런데 욥기를 자세히 들여다보면, 욥은 '경외함'으로 반응하였다. 하나님을 경외하며 두려워하는 것은 사탄의 시험을 이기는 방법이다.

욥의 그 깊은 고통과 슬픔은 상상하기조차 어렵다. 그런데도 사탄은 거기서 멈추지 않고 또다시 하나님 앞에 나아가 욥을 또 시험하자고 요청한다. 하나님이 "네가 나를 충동하여 까닭 없이 그를 치게 하였어도 그가 여전히 자기의 온전함을 굳게 지켰느니라"(욥 2:3)라고 하시자 사탄은 "가죽으로 가죽을 바꾸오니 사람이 그의 모든 소유물로 자기의 생명을 바꾸올지라"(욥 2:4)라고 도발한다.

앞에 나오는 '가죽'은 재산을, 뒤에 나오는 '가죽'은 자기 몸, 곧 생명을 의미한다. 사람은 재산을 다 잃어도 건강과 생명을 잃지 않으면 괜찮다고 여기지만, 자기 몸이 상하게 되면 믿음도 무너지고 하나님도 원망할 수밖에 없는 존재라고 주장한 것이다.

사탄은 어디를 치면 인간이 무너질지 정확히 안다. 바로 '자기 몸'이다. 사람은 본래 자기 몸을 가장 소중히 여겨 본능적으로 생명을 보호하려 한다. 그것을 잃는 순간 하나님조차 무가치하게 여긴다는 것이 사탄의 전략이다. "돈이 아무리 많고 자식이 잘돼도 건강이 없으면 아무 소용 없다. 건강이 최고다!"라는 말에 일정 부분 동의하는 우리임을 사탄도 안다.

사탄은 욥의 발바닥부터 정수리까지 종기가 나게 했다. 온몸이 무너지고 건강은 철저히 파괴된 상황에서도 욥은 믿음을 지켰다. 욥의 아내가 "하나님을 욕하고 죽으라"(욥 2:9)라고 비수 같은 말을 했을 때, 그는 단호히 대답한다.

"그대의 말이 한 어리석은 여자의 말 같도다 우리가 하나님께 복을 받았은즉 화도 받지 아니하겠느냐"(욥 2:10).

너무나 놀라운 믿음의 선언이다. 이 고백은 신학적인 명제나 이론이 아니다. 삶으로 통과한 욥의 고백이며 시험을 이긴 사람의 실제 고백이다. 이 고백은 오늘날 우리에게도 여전히 살아 있는 진리다. 욥은 이 모든 고난 속에서도 입술로 하나님을 원망하지 않았다. 입술을 지키고 하나님을 향한 경외를 무너뜨리지 않았다. 입술의 파수꾼이 그의 믿음을 지켜낸 것이다.

… 이 모든 일에 욥이 입술로 범죄하지 아니하니라 욥 2:10

고난 중에도, 병상에서도, 슬픔 가운데서도 하나님을 경외하는 자를 통해 하나님은 지금도 입술의 예배, 입술의 찬송, 입술의 고백을 받으신다.

욥은 자신에게 일어난 일들 속에서 하나님의 작정과 섭리를 보았고 그 일이 고난이든, 화이든 하나님의 주권 안에 있다는 것을 인정하였다.

그는 뜻이 일정하시니 누가 능히 돌이키랴 그의 마음에 하고자 하시는 것이면 그것을 행하시나니 그런즉 내게 작정하신 것을 이루실 것이라 … 그러므로 내가 그 앞에서 떨며 지각을 얻어 그를 두려워하리라 욥 23:13-15

욥은 환경이나 상황이 무서워서 떤 것이 아니었다. 그가 두려워한 것은 하나님 그 자체였다. 하나님의 주권 앞에서 그는 떨었다. 환경이 두려운 것이 아니라, 하나님의 임재와 권능 앞에서 자신이 떨고 있다는 이 대목에서 나는 깊은 충격을 받았다.

몸이 아프고, 자식이 죽고, 삶 전체가 무너졌을 때 욥의 자세는 하나님을 향한 항변이나 원망이 아니라 경외였다. 그는 "왜 내게 이런 고난을 주셨습니까? 내가 무엇을 잘못했습니까?"라고 따지는 게 아니라, 하나님 앞에서 경외함으로 섰다.

재산의 소멸도 자식의 죽음도 하나님을 경외하는 욥을 막지 못했다. 어떤 상황에도 그는 하나님을 신뢰하고 공경했다. 이것은 맹신이 아니라 하나님을 안 것이다. 하나님의 선하심과 인도하심에 대한 절대적 믿음이었고 그 권위에 대한 경외였다.

내 안에 '하나님을 두려워하지 않는 마음'이 있는지 깊이 살펴야 한다. 죄 가운데 빠진 사람의 핵심 문제는 두려움의 상실이다. 물론 하나님은 두려워하라고 위협의 메시지를 주시는 분이 아니다. 내가 지금 하나님을 경외하고 있는가를 점검해야 한다는 것이다. 하나님을 사랑한다고 말하는 동시에 두려워하는 마음이 있는지, 하나님을 향한 경외가 내 마음 안에 살아 있는지를.

요즘 세상은 거의 모든 대상에 대한 두려움을 잃어버렸다. 선생님도, 목사님도, 부모님도, 심지어 하나님도 두려워하지 않는다. 자신을 꺾을 존재가 없다고 여기고 작은 손해, 혹은 타인의 말 한마디에 화가 치민다. 그래서 자기부인이 되지 않는다.

욥은 "하나님이 나를 두렵게 하셨을 때 내가 두려워하는 것이 맞다"라고 말한다. 그 말에는 깊은 깨달음이 담겨 있다. 두려움이 내 안에 들어올 때 가장 먼저 일어나는 변화는 자기부인이다.

"나는 옳지 않다. 나는 지금 나 자신을 돌아보아야 한다. 하나님은 위대하시고 전능하시며 반드시 뜻을 이루시는 분이다."

이 고백이 입에서 터져 나온다면 그것이 바로 믿음의 기적이다. 욥이 보여준 믿음은 바로 이런 믿음이었다. 몸이 아프고 삶이 무너졌을 때 그는 하나님을 향해 원망하지 않고 자기 자신을 꺾으며 경외함으로 나아갔다.

병들고, 고통받고, 절박한 상황에서 "하나님, 고쳐주세요. 살려주세요"라고 기도하는 것도 당연히 맞다. 하지만 그보다 더 본질적인 기도는 "하나님, 제가 하나님을 두려워하겠습니다. 하나님을 경외하며, 저 자신을 꺾고 엎드리겠습니다. 제 안에 있는 교만과 자기를 부인하겠습니다. 겸손하게 하나님 앞에 서겠습니다"라는 기도다.

하나님을 원망하게 만들고 믿음을 버리게 하려는 사탄의 목적 가운데 우리가 오히려 하나님을 경외하고 자신을 꺾는다면 사탄은 절대로 우리를 이길 수 없다. 사탄이 꼼짝 못 하는 순간이 바로 우리가 자기를 부인하는 순간이다. 하나님의 존재에 대한 경외는 우리를 안전하게 만들기 때문이다.

믿음이 흔들리거나 고난이 올 때 가장 중요한 일은 하나님을 경외하고, 자신을 꺾고 엎드리는 일이다. 바로 그 자리에서 믿음은 다시 세워지고 사탄은 패배하게 된다. 우리가 해야 할 일은 분명하다. 하나님을 두려워하며 자신을 부인하고 경외함으로 다시 주 앞에 서야 한다.

끝까지 믿음을 지켜라

"그런데 내가 앞으로 가도 그가 아니 계시고 뒤로 가도 보이지 아니하며 그가 왼쪽에서 일하시나 내가 만날 수 없고 그가 오른쪽으로 돌이키시나 뵈올 수 없구나"(욥 23:8,9).

하나님의 임재가 전혀 느껴지지 않는 시간, 욥은 바로 그 자리에서 이렇게 고백한다.

그러나 내가 가는 길을 그가 아시나니 그가 나를 단련하신 후에는 내가 순금같이 되어 나오리라 욥 23:10

이것이 믿음이다. 하나님이 보이지 않고 느껴지지 않아도, 길이 막힌 것처럼 보여도 하나님은 여전히 나를 보고 계시고, 나를 단련하고 계시며 결국 나를 순금처럼 정결하게 빚어내신다는 믿음이다.

이 말씀을 묵상할 때 떠오른 사람이 호레이쇼 스패포드(Horatio Spafford)다. 그는 사업이 무너지고 아들을 먼저 떠나보낸 슬픔을 이겨보려고 아내와 네 명의 딸과 함께 유럽 여행을 계획했다. 하지만 갑작스러운 업무로 함께 가지 못해 아내와 딸들만 먼저 배를 탔는데 그 배가 대서양을 건너던 중 충돌 사고를 당해 침몰하고 말았다. 아내는 기적적으로 살아남았으나 네 딸은 모두 바다에 수장되었다.

"하나님, 어찌하여 나에게 이런 일을 허락하십니까!"

슬픔과 원망이 그의 가슴을 찔렀다. 그는 밤새 울부짖으며 기도했다. 통곡하는 그 절망의 자리에 하나님이 임하여 그의 영혼을 만지고 새 마음을 부어주셨다. 이에 그는 이러한 내용의 찬송시 한 편을 써 내려갔다.

"평안이 강처럼 내 길에 흐를 때도
슬픔이 바다 물결처럼 밀려올 때도,
내가 어떤 형편이든 주께서 나로 말하게 하셨네
평안하다, 내 영혼이 평안하다"

바로 〈내 평생에 가는 길〉(원제: It is well with my soul)로 번역되어 우리가 지금도 부르는 찬송가 413장이다.

이 고백은 단지 노래가 아니다. 하나님의 임재가 느껴지지 않는 밤, 기도해도 아무 응답이 없는 어둠 속에서 믿음을 잃지 않고 지킨 사람의 심령에서 터져 나온 고백이다. 그는 슬픔 속에 부서졌으나 그 부서짐의 자리에서 하나님의 평안을 경험했고,

그 고백은 수많은 영혼을 위로하는 찬송이 되었다.

우리에게도 이 고백이 필요하다. 하나님이 보이지 않아도, 기도가 막힌 것 같아도 "주님은 나를 아십니다. 주님이 나를 단련하십니다"라는 이 믿음으로 나아갈 때, 우리의 영혼이 평온하다는 고백이 살아날 것이다.

당신에게 삶의 목적은 무엇인가? 사탄은 욥의 삶을 세 영역에서 무너뜨리려 했다. 재물을 치면 믿음을 잃을 것이라 했고, 자녀를 치면 하나님을 저주할 것이라 했으며, 건강을 치면 결국 하나님을 떠날 것이라 확신했다.

만약 욥의 목적이 물질이었다면, 재물이 사라질 때 함께 무너졌을 것이다. 그의 목적이 자녀였다면, 자녀가 죽었을 때 삶도 함께 끝났을 것이다. 그의 목적이 건강이었다면, 몸이 망가졌을 때 하나님을 향한 신앙도 함께 무너졌을 것이다.

그러나 욥은 무너지지 않았다. 재산이 다 없어져도, 사랑하는 자녀들이 한날에 죽어도, 자신의 몸에 종기가 나서 기왓장으로 긁어야 할 만큼 아파도 하나님을 저주하지 않았다. 욥에게 삶의 목적은 믿음을 지키는 것이었기 때문이다. 그는 하나님 앞에서 믿음을 굳게 세웠고 하나님은 그의 모든 것을 두 배로 회복하셨다. 자녀도 회복해주셨고 재물도 회복해주셨다.

그런데 하나님이 직접 주실 수 없는 것이 있다. 그것은 내 입술로 드리는 찬양과 예배다. 하나님이 나를 대신해 찬양하지 않으신다. 내가 내 입술로, 내 마음으로 하나님을 예배해야 한다. 하나님을 두려워하고, 하나님 앞에 나 자신을 꺾고, 부인하는 일은 내가 자발적으로 해야 할 신앙의 결단이다.

하나님은 믿음을 위한 모든 환경을 주실 수 있다. 말씀도 주시고, 기도의 자리로도 이끌어주시며, 믿음을 가질 수 있는 사람들을 곁에 붙여주시기도 한다. 그러나 믿음 그 자체는 나의 고백에서 나온다. 하나님을 향한 전적인 신뢰, 그분의 뜻을 따르려는 내면의 결단은 누구도 대신할 수 없다.

14

다툼 대신 평강을 붙드는 기도

아프리카에서 온 한 자매가 내게 하소연을 해왔다. 물값을 2-3만 원씩 내고 있었는데, 집주인이 갑자기 두세 배를 더 내라고 했다는 것이다. 방 한 칸을 월세로 사는 이 자매가 직장에 나가지 않고 집에 머무는 시간이 많으니 물을 더 썼을 거라면서 그 집의 수도요금을 다 부담하라는 말이었다. 그것도 황당했지만, 일흔이 넘은 집주인 어르신이 이것도 더 내라, 저것도 더 내라고 점점 심한 억지를 부려 마음이 더 무거웠다.

그 분은 조이하우스 사무실에도 찾아와서 내 아내에게 말도 안 되는 소리를 하며 "이건 당신이 대신 내야 한다"라고 주장했다. 결국 참다못한 아내가 너무하신 것 아니냐며 받아치자 내내 소리치다가 화내며 가셨다고 한다.

그 이야기를 듣자 내 마음도 복잡해졌다. 그리스도인은 이런 상황에서 어떻게 반응해야 할까? 우리도 싸울 수 있고 억울할 수도 있는데, 그런 현실 가운데서도 하나님의 자녀로 산다는 것은 어떤 것일까? 그리스도인들은 어떻게 싸워야 할까? 그때 골로새서 3장의 말씀이 마음에 떠올랐다.

선으로 악을 이겨라

누가 누구에게 불만이 있거든 서로 용납하여 피차 용서하되 주께서 너희를 용서하신 것같이 너희도 그리하고 **골 3:13**

이 말씀을 보면 '다툼과 오해가 있는 현실이 결코 이상한 일이 아니다'라는 생각이 든다. 성경은 애초에 그런 일이 일어날 수 있음을 전제로 하기에 "용납하라", "용서하라"라는 명령이 있는 것이다. 신앙생활 중에도 때때로 갈등과 다툼이 생기는데, 초대교회 성도들도 마찬가지였다.

거기에는 헬라인이나 유대인이나 할례파나 무할례파나 야만인이나 스구디아인이나 종이나 자유인이 차별이 있을 수 없나니 오직 그리스도는 만유시요 만유 안에 계시니라 **골 3:11**

이 말씀은 골로새 교회 공동체 안에도 신앙적, 종교적, 문화적, 계층적 차별과 갈등이 실제로 존재하고 있었음을 보여준다. 헬라인과 유대인 사이의 갈등은 단순한 민족 문제가 아니라, 신앙의 근본적인 차이에서 비롯되었다. 유대인들은 "구원을 받으려면 율법을 지켜야 한다"라고 주장했지만, 헬라인 신자들은 "오직 믿음으로 구원받는다"라는 복음을 붙잡았다. 이 차이는 교회 안에서 깊은 신학적 충돌을 일으켰다.

언어와 문화의 차이도 큰 벽이었다. 당시 헬라어를 쓰지 않으면 '야만인'이라 불렸고, 스구디아인(지금의 러시아 남부와 우크라이나 지역민)은 거칠고 무례하다고 여겨져 사회적으로 멸시받았다.

이처럼 언어와 문화, 출신의 차이가 서로를 이해하지 못하게 만든 데다 신분의 차이도 교회 안의 긴장을 키웠다. 노예와 자유인이 한자리에 앉아 예배드리는 일은 당시 사회 질서로는 상상하기 어려운 일이었다. 신앙으로 모였지만, 여전히 마음속에는 차별과 경계가 남아 있었다.

이에 바울은 "그리스도는 만유시요 만유 안에 계시니라"라고 단호하게 선언한다. 그 어떤 차별도, 분열도 예수 그리스도 안에서는 안 된다는 복음의 중심 선언이다. 그리고 이어서 말한다.

> 그러므로 너희는 하나님이 택하사 거룩하고 사랑받는 자처럼 긍휼과 자비와 겸손과 온유와 오래 참음을 옷 입고 골 3:12

내 방식으로 맞서 싸우는 것이 아니라 그리스도의 성품으로 옷 입는 이것이 곧 그리스도인이 싸우는 방식이다. 긍휼과 자비, 겸손과 온유, 오래 참음의 마음으로 무장하는 것, 즉 성령의 열매로 무장하는 것이 싸움의 본질이다.

그래서 이어지는 "누가 누구에게 불만이 있거든 서로 용납하여 피차 용서하되 주께서 너희를 용서하신 것같이 너희도 그리하고"(13절)라는 말씀은 공동체 안에서 다툼을 끊어내는 구체적인 방법을 제시해준다. 먼저 용납해야 한다. 예수님이 나를 용서하신 것처럼 조건 없이 용서해야 한다.

그분은 내가 변화된 다음에야 용서하신 것이 아니었다. 내 자격을 묻지 않으셨고, 내가 죄인 되었을 때 이미 용서하셨다. 용서와 화해는 말로는 쉽지만, 하나님께서 관계의 통로를 여셔야 현실이 된다.

광염교회 목사님이 조이하우스 이야기가 실린 아주 짧은 기사를 보시고 바로 움직이셨다. 오래 알고 지내던 강원도 지역의 목사님들에게 "파주에 아프리카 친구들이 공장 예배를 드리는 곳이 있는데 환경이 너무 열악합니다. 도와주실 수 있겠습니까?"라고 직접 연락하시고, 그 목사님들이 실제로 내려와 공사할 수 있도록 경비까지 다 지원해주셨다.

그 덕분에 평균 60대 중반의 강원도 담임목사님들이 1박 2일 일정으로 직접 파주까지 오셔서 나무를 옮기고, 칸을 세우고, 주방을 만들고, 에어컨을 설치하고, 안전하게 예배드릴 수 있는 공간을 만들어주셨다. 단열도 안 되고, 바람도 통하지 않고, 조금만 움직여도 땀이 비처럼 떨어지는 그 뜨거운 공장 안에서 목사님들은 정말 헌신적으로 온몸을 다해 수고하셨다. 작업을 잠시 멈추고 예배당을 바라보던 한 목사님이 조용히 말씀하셨다.

"여기서 예배가 계속 이어져야겠네요."

그 말이 내 마음을 울렸다. 그 자리에서 마음 깊이 고백했다.

"일꾼이 아니라, 말씀을 전하고 예배를 세우는 담임목사님들의 손으로 이 교회가 세워지고 있다는 것이 참 감사합니다."

광염교회 목사님의 연락과 재정 지원, 강원도 담임목사님들의 땀과 헌신, 그리고 그 옆에서 함께 돕던 우리 부부의 작은 수고, 그 모든 순종이 이어져 조이하우스 옆 공장은 진짜 '아프리카교회'가 되었다. 그곳에서 찬양이 울리고, 말씀이 선포되고, 기도가 끊이지 않았다.

하나님은 이렇게 사람과 사람 사이를 연결하셔서 결국 예배가 끊기지 않게 하신다. 그러니 우리도 그렇게 해야 하는데 잘 안 된다. 말씀을 알아도 마음으로 받아들이기가 어렵고, 실제로 행하기는 더 어렵다. 용납하고 용서하고 사랑하라는 말씀이 얼마나 귀한지는 잘 알지만, 현실 속에서 마주하는 감정, 상처, 억울함 앞에서는 멀게 느껴지곤 한다. 머리로는 이해돼도 마음으로는 반응하지 못하고 몸으로는 따라가지 못할 때가 많다. 이것이 우리의 연약함이고, 신앙의 진짜 싸움이다. 그럴 때 나는 이렇게 기도하며 나아간다.

'하나님, 마음이 참 어렵습니다. 억울함도 있고 서운함도 있습니다. 지금 제 상황에서는 이 말씀 그대로 살아내기가 너무나 힘듭니다. 그러나 주님, 제가 마음의 문을 닫지 않겠습니다. 제 마음을 엽니다. 말씀대로 해보겠습니다."

이 기도는 내가 완벽히 순종하겠다는 선언이 아니다. 내 부족함을 인정하고 하나님의 도우심을 구하는 겸손한 문을 여는 것이다. 마음을 열겠다는 작은 태도가 성령께서 일하실 여지를 만들어드린다.

나도 사람이라 여전히 감정도 올라오고 억울한 일에는 속도 끓는다. 하지만 그 모든 상황을 말씀 앞에 올려드리고 기도로 반응할 수 있다면 하나님은 그 가운데서 우리를 세워가신다. 싸움이 없는 삶을 꿈꾸기보다는 싸움 속에서도 말씀의 사람으로 반응하도록 훈련하는 것이 필요하다.

평강이 마음을 주장하게 하라

사람에게 받은 상처가 깊고 아무에게도 이해받지 못하는 것 같고 내가 아무리 애써도 상황이 달라지지 않을 때면 기도하다가도 마음이 요동칠 수 있다. 그럴 때 필요한 게 바로 평강이다.

흔들리지 않는 하나님의 평강, 그리스도의 평강이다.

> 그리스도의 평강이 너희 마음을 주장하게 하라 … 골 3:15

이 말씀을 묵상할 때 "주장하게 하라"라는 말이 자꾸 마음에 걸렸다. 평강이 있으면 좋은 정도가 아니라 주장하게 하라는 것이다. 마음을 붙들고, 움직이고, 결정짓는 힘으로 작동하라는 것이다. 그런데 그게 정말 쉽지 않다.

이 말씀 앞에서 "나의 혀가 주의 의를 말하며 종일토록 주를 찬송하리이다"(시 35:28)라는 구절이 떠올랐다. 이 한 구절만 보면 참 기쁨의 고백 같지만, 그 시편 전체를 보면 상황이 전혀 기쁘지 않고 완전 싸움 한복판이다. 1절부터 이렇게 시작된다.

> 여호와여 나와 다투는 자와 다투시고 나와 싸우는 자와 싸우소서 시 35:1

다윗이 주님께 대신 싸워달라고 요청하고 있다. 너무 억울하고 힘드니까 하나님께 싸워달라고 부르짖는 것이다. 더 마음 아픈 건, 이 싸움의 대상이 낯선 원수들이 아니었다는 점이다. 다윗을 괴롭힌 사람들은 함께 기도하던 동역자들이고 같이 울고 같이 예배하던 사람들이었다.

다윗의 영혼은 외로움으로 무너졌다. 나도 그런 경험이 있다. 정말 마음을 다해서 돕고 기도했는데 오히려 오해와 공격이 돌아왔다. 그런 사람에게 상처받으면 정말로 찢어지는 고통을 느낀다. 낯선 이에게 상처받았을 때보다 훨씬 더 아프다.

외로운 참새 같다는(시 102:7 참조) 다윗의 고백이 딱 내 심정이었다. 혼자 남겨진 느낌, 아무도 알아주지 않고 하나님마저 침묵하시는 것 같을 때의 그 절망감은 말로 다 표현하지 못한다.

다윗은 금식하며 굵은 베옷을 입고 기도했다. 병든 사람을 위해, 친구를 위해, 형제처럼 사랑했던 사람을 위해 애통하며 기도했다. "어머니를 곡함같이 하였도다"(시 35:14)라는 표현은 다윗의 진심이었으나 돌아온 건 배신이었다. 다윗이 넘어지니까 그들이 기뻐하고 뒤에서 수군댔다. 하나님께 벌 받은 사람이라고 말하고, 불량배를 동원해 다윗을 힘들게 했다.

이 대목을 읽는데 다윗의 처지가 너무나도 공감되어 눈물이 났다. 친했던 사람과 기도했던 사람이 돌아서서 내 등에 칼을 꽂고 뒤에서 수군대고 오히려 공격하는 그 장면이 내 현실과 같았다. 그때 깨달았다. 예수님이 먼저 이 길을 걸으셨다는 것을…. 환호하며 뒤따르던 사람들이 다 떠나고, 배척당하고, 핍박당하고, 십자가에 달려 돌아가셨다. 그 길은 이루 말할 수 없이 외로운 길이었다.

다윗의 기도를 묵상하면서 예수님을 만났다. 그것이 내게 가장 큰 위로였다. 그 모든 상황, 배신과 오해와 외로움 속에서 다윗은 마지막에 이렇게 말한다.

나의 혀가 주의 의를 말하며 종일토록 주를 찬송하리이다 시 35:28

감정이 충만해서 찬양한 것이 아니었다. 상황이 바뀐 것도 아니고 여전히 아무것도 없지만 그는 전심으로 고백했다. "주님은 의로우십니다. 주님은 선하십니다. 주님은 경배받기에 합당하십니다"라고. 이것이 그리스도의 평강이 마음을 주장하게 하는 실제다. 내 감정이 안 따라와도 혀로 먼저 고백하는 것이다. 감정이 차오르지 않아도 믿음으로 말하는 것이다.

"주님, 나는 지금 무너졌지만, 주님은 변하지 않으십니다. 나는 배신당했지만, 주님은 나를 떠나지 않으십니다. 나는 외롭지만, 주님은 나와 함께하십니다."

이렇게 기도할 때 그리스도의 평강이 내 안에 들어온다. 상황은 그대로인데 내 마음이 달라진다. 이게 은혜다. 이게 기도다. 그리스도의 평강이 내 마음을 주장하게 하려면 말해야 한다. 주의 말씀을 고백하고, 주의 의를 말하며, 주를 찬송해야 한다. 그것이 믿음이고, 그 믿음이 우리 마음을 지킨다. 그리고 그 순간,

평강이 흘러들어온다. 그것이 그리스도인의 승리 방법이다.

말씀으로 힘을 얻고 찬송하라

싸움의 세 번째 방법은 분명하다. 말씀으로 힘을 얻고 찬송하는 것이다. 이건 성경이 보여주는 순서다. 골로새서 3장을 보면 "선으로 악을 이기고", "그리스도의 평강이 너희 마음을 주장하게 하라", 그리고 나서 "그리스도의 말씀이 너희 속에 풍성히 거하게 하라"로 이어진다.

> 그리스도의 말씀이 너희 속에 풍성히 거하여 모든 지혜로 피차 가르치며 권면하고 시와 찬송과 신령한 노래를 부르며 감사하는 마음으로 하나님을 찬양하고 골 3:16

말씀이 풍성히 거하게 한다는 건 말씀을 단순히 많이 읽는 게 아니라 입으로 읊조리고 마음에 새기며 영혼의 양식으로 삼는 것이다. 이렇게 말씀이 채워지기 시작하면 그다음부터 일어나는 일이 있다. 결국, 중심은 말씀이다. 말씀이 먼저 내 안에 들어와야 한다. 그게 진짜 중요하다.

우리가 그리스도의 평강을 붙잡으려고 외칠 때가 있다. "주님은 옳으십니다!", "주님을 신뢰합니다!" 그렇게 믿음의 선언을 외쳐도, 그걸 버틸 힘이 안에 있어야 하는데 내 안에는 사랑도 없고 의로움도 없다. 있다고 해도 제대로 쓸 수 없다. 오히려 내 안에는 죄가 가득하고, 끝없는 문제들이 자리를 차지하고 있다.

그러니 결국 내 안에서 솟아나는 힘은 오직 말씀밖에 없다. 그 말씀이 내 안에 들어오고, 머무르고, 그 말씀이 나를 붙들어줘 야 비로소 감정을 다스리고 평강을 지킬 수 있다. 그리스도의 말 씀이 내 안에 거하기 시작하면 달라진다. 그 말씀이 능력이 되고 힘이 된다. 아니, 영혼을 밝히는 하나님의 빛이 된다. 그래서 나 는 말씀 읊조리기를 멈출 수 없다. 말씀을 읽고, 중얼거리며 마 음 깊이 넣는다. 그게 내 영혼의 양식이 된다.

바울은 "모든 지혜로 피차 가르치며 권면"하라고 한다. 말씀 을 읽고 은혜를 받으면 그 은혜를 가만히 두기 어려워 누군가에 게 말하고 싶어지고 그것은 듣는 사람에게도 은혜가 된다.

"나 오늘 이 말씀 읽었는데 너무 은혜가 됐어요."

"저도 그 말씀이 꼭 저한테 주신 것 같네요."

그렇게 서로 가르치고 권면하게 된다. 이게 큐티(QT)다. 성경 읽고 혼자 은혜받는 데서 끝나는 게 아니라, 그 받은 은혜를 누 군가에게 나누고 서로 세워주는 것이다. 이 일이 교회 안에서 자 연스럽게 일어나야 한다.

거기서 끝나지 않는다. 말씀을 따라가다 보면 어느 순간 찬송 이 터진다. 이게 바로 싸움에서 이기는 방법이다. 말씀은 무기고, 찬송은 그 무기를 휘두르는 손이다.

"시와 찬송과 신령한 노래를 부르며"에서 '시'는 시편이다. 시편을 붙들고 찬송하라는 뜻이다. 시편에는 하나님의 도우심, 인도하심, 자비하심, 울부짖음과 회복이 다 담겨 있다. 그 시편을 읽다 보면 어느 순간 찬송이 되고 다윗의 고백이 내 고백처럼 입에서 흘러나온다.

'찬송'은 시편을 넘는다. 성경 전체, 하나님께서 역사 속에서 하신 일들, 그 놀라운 행하심을 찬송하는 것이다. 우리가 즐겨 부르는 찬송가들 속에 하나님이 걸어오신 발자국이 담겨 있다.

'신령한 노래'가 있다. 성령님께서 감동 주셔서 자꾸 부르게 되는 찬송이 있다. 억지로 외우지 않아도, 그 가사가 저절로 떠오르고, 입에서 저절로 흘러나온다.

나도 어떤 찬송이 그 주간 내내 마음을 울리기도 하고 입에서 자꾸만 흘러나왔다. 부를 때마다 눈물이 나는데도 자꾸 입에서 맴돌았다. 그게 감동 주시는 찬송이다. 내가 만든 노래가 아니라, 성령께서 주신 노래였다.

그렇게 말씀을 읽고, 찬송을 부를 때 내 영혼이 굳세어지고 단단해진다. 말씀은 영의 양식이 되고 찬송은 그 양식을 살리는 성령의 숨결이 된다. 그러면 영혼이 살아난다. 마음이 움직이고, 생각이 깨어난다. 감정은 요동쳐도 영혼은 흔들리지 않게 된다. 말씀과 찬송이 함께 흐를 때 그게 바로 내가 살아가는 길이 된다.

PART 4

막막함을 느낄 때
드리는 기도

15

고통 대신 주님을 붙드는 기도

얼마 전, 자녀를 위해 기도하던 한 어머니의 연락을 받았다. 정말 열심히 기도했고, 중보기도도 요청하고 작정기도도 했지만 결국 그 자녀가 원하는 시험에 떨어지고 이렇게 말했다고 한다.

"엄마, 기도해봤자 소용없어. 안 믿는 사람들은 더 잘되더라. 아무리 기도해도 필요 없어. 소용없는 거야, 기도하지 마."

그 말에 크게 낙심한 어머니는 기도를 계속해야 할지, 말아야 할지조차 혼란스러워졌다. 마음이 무너져 내린 것이다. 그 이야기를 듣고 한참을 가만히 있었는데 그때 내 마음 깊은 곳에서 성령님이 이런 감동을 주셨다.

'이건 그 어머니만의 이야기가 아니다. 너도 그랬잖아.'

맞다. 나도 기도했는데 하나님이 침묵하시는 것 같을 때가 있었다. 내 기도에는 아무 응답도 없으신 것처럼 느껴지는 때가 있었다. 그때는 정말로 답답했고 억장이 무너졌다. 사실 누구나 그런 순간을 만난다. 그럴 때 묻게 된다.

"기도만 해서 되는가? 어떻게 해야 하는가?"

주님을 믿으라

기도하면서 하나님 앞에 꼭 드려야 할 것이 있다. 바로 '믿음'이다. 이것을 말씀드리면 많은 분이 "기도 자체가 믿음 아닌가요?"라고 묻는다. 맞다. 기도는 본질적으로 믿음이다.

문제는 기도가 난관에 부딪혔을 때다. 기도 응답이 지연되거나 엉뚱한 방향으로 흘러갈 때 우리가 하나님께 드릴 것은 '믿음'이다.

20세기의 위대한 하나님의 사람 C. S. 루이스는 늦은 나이에 결혼했는데 사랑하는 아내가 암에 걸리고 말았다. 아내를 살려 달라고 간절히 기도했지만, 하나님은 응답하지 않으셨다.

결국 아내를 잃은 그는 《헤아려 본 슬픔》이라는 책에서 속상하고 괴롭고 슬픈 모든 감정과 분노를 쏟아낸다. 하나님이 문을 두드리라 하셔서 두드렸지만, 그 문은 닫혀 있고 자물쇠는 이중으로 채워져 있었다고 말했다. 바로 우리 모습이 아닌가?

그러나 그는 결국 이렇게 고백했다. 하나님은 고통을 없애는 분이 아니라 고통을 통해 우리를 깨끗하게 다듬고 깊이 파고들며 정련하시는 분이라고. 하나님은 선물보다 자기 자신을 주려 하시며, 우리가 원하는 선물을 바로 주시지 않을 때 그 침묵은 단순한 거절이 아니라 더 깊은 관계로의 초대라고.

개척할 때 그것을 몸으로 배웠다. 처음에는 목회가 어느 정도 자신 있었다. 이것도 하고 저것도 하면 될 줄 알았다. 그런데 막상 해보니 이것도 안 되고 저것도 안 되고 다 안 되었다. 절망이 왔다. 내 무기력함을 똑똑히 보았다.

'내가 이 정도밖에 안 되나? 정말 믿음도 없고, 성도에 대한 사랑도 없고, 기도 응답이 없다고 속상해하고 화내는 내 모습은 인격도 없구나. 인내도 없고, 온유함은 말할 것도 없구나.'

교회를 개척했는데 헌금이 어렵게 들어오고 재정이 부족해지니 두렵고 불안해서 펄쩍 뛰었다. 강단에서 "두려워하지 마십시오"라고 설교하면서도 정작 가장 두려워하고, 성도들에게 "걱정하지 마십시오"라고 권면하면서 제일 걱정한 사람이 바로 나였다.

새벽에 기도할 때마다 믿음 없는 내 모습을 너무도 적나라하게 봤다. 눈을 감아도 머릿속에는 온통 해결되지 않은 문제들만 맴돌았다. 예배를 인도하면서도 마음 한쪽에서는 '이 일을 어떻게 해야 하나'라는 생각이 떠나지 않았다.

고통스러울 때 하나님이 정말 안 계신 줄 알았다. 너무 힘들고 괴로워서 하나님이 나를 떠나셨나 생각했다. 그러나 아니었다. 마치 커튼 뒤에서 주님이 계속 나를 위해 기도하고 계시는 것 같았다. 내 주위의 공기까지도 하나님의 영으로 가득 채우시며, 내가 잘 생각할 수 있도록, 내 부족함을 깨닫도록, 예수님이 어떤 분인지 스스로 알고 더 좋은 것을 선택할 수 있도록 계속 뒤에서 조용히 중보해주시는 것 같았다.

그때 주님이 나타나지 않으신 것은 나타나실 수 없어서가 아니라 보이지 않는 자리에서 그분을 믿도록 하시기 위해서였다. 보이지 않아도 내 부족함을 깨닫고 돌아보게 하셨다. 그래서 알게 되었다. 기도하다가 응답이 없을 때 십중팔구는 하나님의 초대라는 것을. 주님이 이렇게 말씀하시는 것 같았다.

"네가 구하는 것을 내가 다 알고 있다. 그러나 나는 너를 조금 더 새롭게 하고 싶다."

주님을 받으라

예수님은 우리에게 그물을 주실 수도 있고 물질을 주실 수도 있는데 정말 주고 싶어 하시는 것은 '물고기를 잡는 방법'이다. 지혜와 은혜, 성령 충만, 예수님의 마음을 우리에게 그대로 주시기를 원하신다.

자동차의 진가는 그 차를 극한까지 몰아봐야 안다. 코치도 유능한 선수를 단련시킬 때 그 체력을 한계까지 끌어올린다. 예수님도 그러셨다. 우리의 영적인 능력과 마음, 생각을 단련하시면서 자신의 진짜 상태를 보게 하신다. 그 과정에서 우리는 당연히 아플 수밖에 없지만, 그때 비로소 깨닫게 된다.

'고통 가운데 있을 때 나는 그저 아프기만 한데, 하나님은 더 놀라운 자리로 이끄시려고 최선을 다해 나를 단련하시는구나!'

나 또한 이 사실을 깨닫자 스스로 절제하게 되고 내 밑바닥에 있던 많은 것이 조금씩 제어되었다. 이것이 은혜였다. 하나님은 고통 속에서 가장 세밀하게 나를 다루셨다. 그 고통 가운데서 나를 조용히 이끌어가셨고, 내 주변을 싹 정리하셨다.

그렇게 다 비워지고 나서야 비로소 내 마음 깊은 곳을 들여다보고 내 내면의 소리를 듣게 하셨다. 내가 살면서 가장 크게 체험한 주님의 손길이다. C. S. 루이스가 말했듯 하나님은 고통 속에서 더 큰 확성기로 말씀하신다. 그 고통은 우리를 더 깊은 회개로 이끌어 주님의 만지심을 더욱 선명히 느끼게 한다.

당신의 내면은 어떠한가? 안 좋은 것이 드러날 수도 있으나 주님은 어둡고 부정적인 내면을 선한 것으로 바꾸시기 위해 우리를 한계치까지 데리고 가신다. 그러니 주님을 신뢰해야 한다. 그래서 내가 할 일은 기도다.

내 자녀도 마찬가지다. 주님은 인도하시는 분이다. 나를 이렇게 인도하시는 주님이라면 내 자녀도 그렇게 인도하신다. 자녀가 시험에 떨어지고 어려움을 겪어도 나보다 하나님이 훨씬 더 잘 인도하신다. 고통 중에 있는 내 자녀의 가장 가까이에서 최선을 다해 인도하시고, 변화시키기 위해 열심을 내신다.

한 사람을 변화시킬 때 그 사람을 이끄시는 하나님의 은혜가 있다. 하나님은 우리를 사랑하시기 때문에 항상 가장 좋은 것을 주신다. 바로 예수님의 지혜와 믿음, 은혜, 성령 충만이다.

주님은 우리에게 그분 자신을 선물로 주신다. 그래서 감사하다. 자유함으로 맡길 수 있기 때문이다. 주님은 우리의 기도 속에서 더 큰 것을 원하신다. 그것은 바로 우리의 믿음을 드리는 것이다.

주님을 바라보는 영적 씨름을 하라

"엄마, 기도해봤자 소용없어. 기도하지 마"라는 말은 사람이 던진 말 같지만, 사실은 보이지 않는 영적 공격이다. 그저 속상한 정도가 아니라 더 깊은 고통이 되어 마음이 무너지고 상처받는 이유가 거기에 있다. 이게 바로 성경이 말한 '불화살'이다. 그럴 때는 어떻게 해야 할까?

말씀을 붙잡으면 그 말씀이 정말로 역사한다. 히브리서 4장 12절 말씀처럼 하나님의 말씀은 살아서 움직인다. 그래서 말 때문에 상처받고 고통당할 때 말씀으로 이겨야 한다. 내 말이 아니라 하나님의 말씀으로 대적해야 한다.

> 너희 염려를 다 주께 맡기라 이는 그가 너희를 돌보심이라 **벧전 5:7**

이 말씀은 내 인생에서 수도 없이 경험한 진짜 특효약이었다. 성경은 바로 이어서, 우리만 이런 어려움을 겪는 게 아니라 믿음의 형제들도 똑같은 고난을 당하고 있으며, 그러면 우리는 믿음을 굳건하게 하여 마귀를 대적해야 한다고 말씀한다.

> 근신하라 깨어라 너희 대적 마귀가 우는 사자같이 두루 다니며 삼킬 자를 찾나니 너희는 믿음을 굳건하게 하여 그를 대적하라 이는 세상에 있는 너희 형제들도 동일한 고난을 당하는 줄을 앎이라 **벧전 5:8,9**

이 믿음은 내 감정이 아니라 말씀에 근거한 믿음이다. 그냥 받아들이지 말라. 주님이 주신 말씀을 붙들고 그 불화살을 대적해야 한다. 불화살이 마음에 꽂혀서 낙심되고 주저앉는 때일수록 더욱 적극적으로 말씀을 붙잡고 대적해야 한다.

"주님, 저는 주님을 믿습니다. 제 자녀의 입술을 주님이 붙들어주시고 입술에 파수꾼을 세워주십시오. 저는 주님의 주권을 믿고 인정합니다. 제 모든 염려를 주님께 맡깁니다. 주님이 돌보심을 믿습니다."

그러므로 그가 고통을 주어 그들의 마음을 겸손하게 하셨으니 그들이 엎드러 저도 돕는 자가 없었도다 시 107:12

나는 이 말씀에 깊이 공감한다. 하나님이 고통을 주어 나를 겸손하게 만드시는 것은 나를 외면하신 게 아니었다. 주님만 바라보는 시간을 허락하신 것이며 내 삶을 가장 친밀히 다루시고 빚어 가시는 과정이었다. "엎드러져도 돕는 자가 없었도다"라는 말씀처럼 인간적인 장치는 다 꺼져야 한다. 그래야 진짜 돕는 자이신 예수님만 바라보게 된다.

운동하다 시비 붙을 때가 종종 있다. "그거 아웃이야!", "아니야, 인이야!" 하는 말 한마디로 갑자기 분위기가 험악해지고 서로 싸움이 난다. 그런데 이상하게, 그 순간의 한마디 때문에 정신력이 무너지는 사람이 꼭 있다. 그전까지는 잘했는데, 그 일이후로 공이 잘 안 맞는다. 마음이 흔들린 것이다.

경기 중에도 실수를 계속 묵상하는 선수가 있다. 그 실수에 머물면서 마음이 흔들리기 시작하고 그 지점에서부터 무너진다. 세계적인 선수들도 그렇다.

신앙도 마찬가지다. 주님을 붙들지 않으면 마음이 흔들리고 결국 무너진다. 하지만 주님을 붙들면 주님이 우리를 고치시고 위험한 지경에서 틀림없이 건져주신다.

그가 그의 말씀을 보내어 그들을 고치시고 위험한 지경에서 건지시는도다

시 107:20

하나님이 정말 나와 함께하실까? 그렇다. 하나님은 지금도 당신과 함께하고 계신다. 자녀도 마찬가지다. 맡길 만한 분이 계신다. 당신의 바로 옆에 계신 그 주님께 맡기면 된다.

이제 기도하며 믿음을 드려라! 고통 중에도 나를 다루시는 주님을 마음 깊이 믿으며 영적 씨름을 하라! 하나님의 말씀으로 마음을 붙들어라! 그 말씀을 딱 붙잡고 그 말씀으로 불화살을 이겨라!

16

낙심 대신 신뢰를 붙드는 기도

기도했는데 응답되지 않거나 열심히 기도했는데 상황이 더 나빠지면 기도 자체에 대해 낙심하게 된다. '이쯤 되면 기도를 그만해야 하는 것 아닌가?' 싶고, 기도하고 싶지 않다는 생각도 든다. 하나님을 향한 원망이나 불평이 밀려오기도 한다. '기도 응답이 안 되는 걸 보니 이게 하나님의 뜻이 아닌가 보다. 하나님께서 허락하지 않으신 것이겠지'라는 마음이 들기도 한다.

혹시 지금 그런 마음을 품고 있지는 않은가? 기도가 막히고 마음이 낙심될 때 어떻게 해야 할까? 그런 마음을 향해 하나님께서 명확한 감동으로 내게 주신 말씀이 있다.

"기도를 멈추지 마라."

그 말씀의 근거가 되는 본문이 마태복음 15장, 귀신이 들린 딸을 고치기 위해 예수님을 찾아온 가나안 여인의 이야기다.

"주 다윗의 자손이여, 나를 불쌍히 여기소서. 내 딸이 흉악하게 귀신 들렸나이다"(마 15:22).

그 귀신은 단순한 귀신이 아니라 '흉악한 귀신'이었다. 실제로 흉악한 귀신은 사람의 삶을 흉악하게 망가뜨린다. 그로 인해 여인은 참 슬픈 인생이 되고 말았다. 그런데 그 여인이 예수님께 와서 간절히 외쳐도 예수님은 "한 말씀도 대답하지" 않으신다.

제자들이 나서서 "그 여자가 우리 뒤에서 소리를 지르오니 그를 보내소서"(마 15:23)라고 해도 예수님은 여전히 아무 말씀도 안 하시니 제자들은 귀찮다는 듯 그 여인을 내쫓으려 한다.

그 상황이 낯설지 않다. 열심히 기도했는데 하나님은 아무 대답도 하지 않으시고, 오히려 주변 사람들이 "기도해도 별수 없더라", "하나님 뜻이 아닌가 보다" 하며 기도를 그만두게 한다. 그런 말을 들을 때면 마음이 더 힘들어진다.

기도를 멈추지 마라

혹시 오늘, 기도를 포기하고 싶은 마음이 들었는가? 나도 너무 속상하고 마음이 무너져서 기도하고 싶지 않았던 때가 있었다. 하나님이 아무 말씀 없으시니 그 침묵 속에서 그분의 뜻을 내 방식대로 해석해 '그래, 나도 그냥 받아들여야지. 기도했는데 응답이 없으신 걸 보면 하나님 뜻이 아닌가 보지'라고 스스로 결론을 내렸는데 바로 그때, 하나님께서 다시 감동을 주셨다.

"계속 기도하라. 뒤로 물러서지 마라. 사람들의 말에 귀 기울이지 마라. 내가 응답하지 않는 것처럼 보일지라도, 나는 지금 보이지 않는 곳에서 일하고 있다. 네가 알지 못할 뿐이다."

맞다. 우리가 알지 못하는 곳에서 하나님은 지금도 일하고 계신다. 이 믿음을 놓지 말고 그분을 신뢰하며 계속 기도해야 한다. 내가 기도에 낙심했을 때 하나님은 이 가나안 여인을 보게 하셨다. 우리는 그녀가 어떻게 끝까지 기도했는지를 봐야 한다.

그녀에게는 기막힌 일들이 계속 이어진다. 고쳐달라는 간청이 거절당하고 또 거절당한다. 예수님은 이 여인에게 "나는 이스라엘 집의 잃어버린 양 외에는 다른 데로 보내심을 받지 아니하였노라"(마 15:24)라고 엉뚱한 대답을 하셨다. 이 말씀은 사실상 여인의 간구에 대한 거절이었다.

물론 예수님의 말씀은 맞는 말씀이다. 예수님은 공생애 기간에 이스라엘 외의 땅에서 복음을 전하지 않으셨고, 이방 선교는 제자들의 몫이었다. 그러나 당사자인 여인은 예수님의 말씀을 받아들이기 어려웠을 것이다.

때로는 하나님이 하시는 일이 이해되지 않고 그분이 펼치시는 상황이 납득되지 않는다. 우리는 전지전능한 존재가 아니기에 시야 너머의 일들이 받아들일 수 없는 상황으로 느껴질 수 있다.

그럴 때도 그 자리에서 물러서지 말아야 한다. 그것이 가나안 여인이 보여주는 믿음이다. 그녀는 이해할 수 없는 말씀 앞에서도, 주변의 거절 앞에서도 계속 주님에게로 나아갔다. 바로 이 믿음이 우리에게도 필요하다.

주여, 저를 도우소서

여자가 와서 예수께 절하며 이르되 주여 저를 도우소서 마 15:25

"주여, 저를 도우소서."

나는 이 짧은 한마디도 기도라고 믿는다. 머릿속이 복잡하고 말이 정리되지 않아 어떻게 기도해야 할지 모를 때 이 말씀을 그대로 따라 해보자. 이 짧은 말에 마음을 담아 "주여, 저를 도우소서"라고 반복하며 읊조리는 것이다.

기도를 술술 풀어내며 오래 하는 것도 참 귀하지만, 성경에 기록된 말씀 속에서 응답받은 기도의 문장 그대로 기도하는 것 역시 너무나 은혜로운 기도의 방법이다. 마음 깊은 곳에서 우러나오는 간절함을 담아 읊조리면 하나님은 반드시 그 기도에 은혜로 응답하신다. "주여, 저를 도우소서" 이 말씀을 마음에 품고 입술로 고백하며 그분 앞에 간절히 나아가 보라.

때로는 기도가 막무가내처럼 보일 수 있고 무례해 보일 수도 있다. 예수님이 "잠깐만 기다려라"라고 하실 때까지 가만히 있어야 할 것 같은데 이 여인은 포기하지 않고 끝까지 엎드린다. 고집처럼 보일 수도 있지만, 나는 이것이 믿음이라고 생각한다.

기도는 간절함이다. 물러서지 않는 기도, 포기하지 않는 기도, 하나님의 침묵에도 끝까지 붙드는 기도는 하나님 보시기에 참 귀한 믿음이다. 사람들 눈에는 무례하고 집요하게 보일 수 있어도 하나님은 그런 기도 속에서 믿음을 보신다. 그 여인을 향해 예수님이 마지막에 하신 말씀이 바로 그것이다.

"네 믿음이 크도다."

예수님은 도대체 무엇을 보고 가나안 여인의 믿음이 크다고 하셨을까? 누가 보더라도 뚜렷하게 보이는 믿음이 하나 있다. 그것은 가나안 여인이 그 자리를 떠나지 않았다는 것이다. 예수님이 부탁을 두 번이나 거절하셨는데도 그 여인은 떠나지 않고 그 자리를 지켰다. 하나님 편에서 보면 물러서지 않는 그것이 곧 신뢰요 의지요 믿음의 모습이다.

기도하다 낙심될 때가 얼마나 많은가? 기도가 장애물에 부닥쳤을 때, 하나님이 침묵하시는 것처럼 보일 때, 도리어 상황이 더 안 좋아질 때 우리가 할 일은 그 기도의 자리, 예배의 자리, 주님을 붙잡는 자리를 떠나지 않는 것이다.

제게는 주님밖에 없습니다

우리의 믿음이 항상 100퍼센트 훌륭하면 얼마나 감사하겠는 가? 그러나 속상해도 그 자리를 떠나지 않는 것도 믿음이라고 생각한다. 이해가 잘 안 되고 마음속에 의문이 많아도 그 자리를 떠나지 않고 계속 주님을 붙잡는 것이야말로 하나님 보시기에는 가장 온전한 믿음으로 가는 모습이 아니겠는가?

하나님께 믿음을 보여드려야 한다. 아니, 드려야 한다. 기도하 다 낙심될 때, 기도가 벽에 부딪힌 것 같을 때, 예수님이 아무 말 씀도 안 하시는 것처럼 보일 때, 전혀 다른 현상이 내 삶에 일어 날 때, 그때는 머물며 그 자리를 지키는 것이다.

주일 오후 3시, 우리 교회 선교센터에서는 아프리카인들이 예 배를 드린다. 주일이 되면 그들은 정성껏 단장하고 교회에 온다. 풀메이크업에 화려한 옷차림을 하고 머리도 단정히 다듬는 등 신경을 많이 쓴다. 그것이 하나님께 드리는 그들의 예의이자 마 음의 표현이다.

하지만 예배당에는 에어컨도 없고 선풍기만 돌아간다. 더운 날씨에 화장은 다 지워지고 옷은 땀에 흠뻑 젖어 몸에 들러붙는 다. 설교와 찬양은 모두 영어로 진행되는데 이분들은 프랑스 식 민지 출신이라 불어를 사용해서 설교 내용을 제대로 알아듣지 못하는 사람이 대부분이다. 그런데도 끝까지 그 자리에 남아 예 배를 드린다.

한번은 아내가 그분들의 모습을 보며 마음속으로 '하나님, 저분들은 왜 저렇게 정성껏 예배를 드리는 건가요?'라고 여쭈었는데 그때 하나님께서 마음에 이런 감동을 주셨다고 한다.

"저들에게는 나밖에 없다."

그 말씀이 내 마음에 깊이 남았다.

"그래서 그 절박한 심정으로 예배 자리에 있는 것이다."

그 절박함이 우리에게도 필요하지 않을까?

"주님이 아니면 안 되겠습니다."

"주님밖에 없습니다."

"주여, 저를 도우소서."

아무리 상황이 어렵고 주변 사람들의 말이 차갑게 들려와도 "주님밖에 없습니다"라는 고백으로 다시 주님 앞에 서야 한다. 정말로 주님밖에 없다면 주님을 간절히 붙잡을 수밖에 없다. 가나안 여인이 그랬다. 그녀에겐 주님밖에 없었기에 물러서지 않았다. 계속 나아갔고, 결국 응답을 받았다.

오늘도 마음이 속상하고, 낙심되고, 상황이 어렵다고 해도 하나님은 그 모든 것을 알고 계신다. 그리고 이렇게 말씀하신다.

"기도를 멈추지 마라."

믿음을 끌어올려라

기도가 계속 응답되지 않고 오히려 상황이 더 어려워져 어떻게 해야 하냐는 질문 앞에 서 있을 때 주님은 "지금 너의 믿음을 끌어올려야 한다"라는 감동을 주셨다.

제자들이 귀신을 쫓아내지 못한 이유를 여쭤보자 예수님은 "너희 믿음이 작은 까닭이니라. 진실로 너희에게 이르노니 만일 너희에게 믿음이 겨자씨 한 알만큼만 있어도 이 산을 명하여 '여기서 저기로 옮겨지라' 하면 옮겨질 것이요, 너희가 못할 것이 없으리라"(마 17:20)라고 말씀하셨다.

전에는 이 말씀에 낙심이 되었다. 능력이 나타나지 않으니 '나는 겨자씨 한 알만큼의 믿음도 없구나. 지금까지 내가 가지고 있다고 생각했던 믿음은 다 허상 아니었을까?'라는 생각이 들었다.

그런데 다시 이 말씀을 묵상하던 어느 날, '너는 믿음이 없는 것이 아니라, 적을 뿐이다. 겨자씨 한 알만큼만 있어도 된다'라는 마음을 주셨다. 그 순간 '그래, 내가 지금 해야 할 일은 그 작은 믿음을 다시 끌어올리는 것이구나!' 하고 소망이 생겼고, 하나님께서 내게 원하시는 것도 결국은 믿음이라는 생각이 들었다.

기적의 통로는 믿음이었다. 복음서 곳곳에서, 믿음을 가진 이들에게 하나님은 능력을 베푸시고 은혜를 주셨다. 그래서 지금 내가 해야 할 일은 분명하다. 믿음을 끌어올리는 것. 겨자씨 한 알만큼만이라도 괜찮다. 그 작은 믿음을 다시 세우는 것이다.

낙심은 언제든 찾아온다. 믿음이 있는 상태에서도 낙심은 마음 안에 들어온다. 특히 가족 안에 힘든 상황이 있으면 더 그렇다. '왜 저럴까? 왜 그렇게밖에 못할까?' 그 문제를 생각할수록 마음이 무너지고 두려움이 몰려온다. 믿음은 사라지고, 입에서는 자꾸 걱정과 불평이 나오기 시작한다. 두려움을 말하고, 불만을 말하고, 결국 믿음을 잃은 말들을 반복하게 된다.

그런 나를 돌아볼 때 주님이 다시 이런 감동을 주셨다.

"믿음을 끌어올려야 한다. 마음을 지켜야 한다. 기도 응답이 더디고, 상황이 풀리지 않아도 너의 믿음을 지켜야 한다."

내가 할 일은 상황을 통제하는 것이 아니라 내 마음의 믿음을 다시 일으키는 것이다.

말씀으로 마음 지키고 믿음 끌어올리기

믿음을 끌어올리는 일은 생각보다 구체적이고 실제적인 훈련이다. 내가 지금도 실천하려 애쓰는 방법의 예를 들면, 혼자서 엘리베이터를 기다리는 동안 조용히, 그러나 진심으로 이렇게 말하며 믿음을 마음속에서 끌어올리는 것이다.

"예수님은 나를 돌보시는 분이십니다! 모든 것이 합력하여 선을 이룰 줄 믿습니다! 하나님은 이 상황을 알고 계십니다! 예수님은 하나님 우편에서 나를 위해 중보하고 계십니다! 성령께서는 말할 수 없는 탄식으로 나를 위해 기도하십니다!"

“예수님의 이름에 능력이 있음을 믿습니다!”

“나사렛 예수 그리스도의 이름으로 명하노니, 악한 영은 떠나갈지어다!”

“예수님의 이름으로 명하노니, 두려움은 떠나갈지어다!”

그럴 때 믿음이 작게라도 생기는 것이 느껴지면 그 믿음을 놓치지 않으려고 애쓴다. 조금 지나면 또다시 두려움이 찾아오고, 걱정되는 일이 귀에 들려오기 때문이다. 그때는 다시 읊조린다.

“아닙니다. 예수님은 나를 돌보시는 분입니다.”

“모든 것이 합력하여 선을 이룰 줄 믿습니다.”

“하나님은 이 상황을 알고 계십니다. 예수님은 하나님 우편에서 나를 위해 중보하고 계십니다. 성령님이 말할 수 없는 탄식으로 나를 위해 기도하십니다.”

그리고 기억하는 모든 말씀을 동원해, 소리 내어 말하며 마음을 지키고 믿음을 잃지 않으려 노력한다.

“합력하여 선을 이룬다.”

“두려워하지 말라, 내가 너와 함께함이니라.”

“놀라지 말라, 나는 너의 하나님이 됨이니라.”

종일은 아니라도, 두려움이 스며드는 순간마다 마음으로 다시 말한다. 믿음을 끌어올리는 그 짧은 시간이 하루를 지켜준다.

누군가는 “믿음이 없는데 입으로 고백한다고 믿음이 생기겠습니까?”라고 말할 수 있겠지만, 나는 믿음이 없으니까 믿음을 고백해야 한다고 말하고 싶다. 말하지 않으면 믿음은 더 약해진다. 믿음이 없다고 느껴질수록 입술로 믿음을 말해야 한다.

그러니 믿음을 달라고 구하며, 지금은 없지만 있는 것처럼 "믿습니다" 하고 말하는 것이 너무나 중요하다. 내 감정이 따라주지 않고 지금 그 확신이 없어도 "예수님의 이름에 권세가 있음을 믿습니다"라고 말하는 것이다. 그렇게 마음먹고 말하다 보면 어느 순간 그 말이 내 안에 실제가 된다.

그래서 이 방법을 적극적으로 권한다. 한 번이라도 시도해보라. 해보면 알 수 있다. 아무도 내 마음을 대신 지켜줄 수 없고 내 마음은 내가 지켜야 한다. 믿음도 마찬가지다. 믿음을 지키는 동시에 자꾸 끌어올려야 한다. 그곳에 능력이 있기 때문이다. 믿음이 자라는 곳에서 하나님의 권세가 나타난다.

주님의 주권을 온전히 인정하라

기도가 응답되지 않고 상황이 이해되지 않을 때 우리가 붙들 것은 "하나님은 옳으시다"라는 고백이다. 이는 하나님의 주권을 온전히 인정하고 감사하는 마음을 회복하는 것으로, 하나님의 주권을 온전히 인정하는 태도는 상황을 바꾸는 열쇠가 된다.

처음에는 이 말이 낯설고 어렵게 느껴질 수 있지만, 내가 바꿀 수 없는 상황 앞에서 하나님께 감사드리는 것이 내 편에서 할 수 있는 가장 강력한 믿음의 표현이다. 나는 이것이 하나님께서 기뻐하시는 태도라고 믿는다. 이해되지 않는 상황에도 주님의 주권을 신뢰하며 감사할 때 변화는 분명히 시작된다.

주여, 옳소이다

"자녀의 떡을 취하여 개들에게 던짐이 마땅하지 아니하니라" 라는 예수님의 말씀에 가나안 여인은 "주여, 옳소이다마는 개들도 제 주인의 상에서 떨어지는 부스러기를 먹나이다"(마 15:26,27) 라고 대답한다.

"주여, 옳소이다."

여인은 예수님의 판단과 주권을 받아들였다. 이해하기 어려운 말씀이었지만 그 안에서도 주님의 선하심을 붙잡았다.

하나님은 우리에게 모든 것을 이해시키지 않으시고 때로는 이해되지 않는 상황 속으로 인도하기도 하신다. 믿음이란 결국 이해를 넘어서는 절대적인 신뢰로 나아가야 하기 때문이다. 지금의 상황이 이해되지 않아 고통스럽고 답답한 순간 속에서도 항상 함께 있는 한 가지는 바로 믿음을 배울 기회다.

이해되는 상황에서는 이해를 중심으로 믿음이 자란다. 하지만 이해되지 않는 순간에도 믿음으로 반응하기 시작하면 믿음이 깊어진다. 이해할 수 없을지라도 주님을 신뢰하면 믿음의 진보를 이루게 된다. 이것은 단순한 감정의 위로가 아니라, 믿음의 여정에서 반드시 거쳐야 하는 깊은 자리다.

기도 응답이 안 되고 오히려 더 반대로 가는 것 같을 때, 내 귀에 이상한 말이 들릴 때 이 여인처럼 해보라. 내 이성과 감정을 거슬러서라도 "주님, 옳습니다. 주님이 지금도 옳습니다"라고 하나님의 주권을 인정하는 말을 입에서 내기 시작하면 그것이 반드시 믿음이 된다.

"하나님, 제 생각대로 되지 않았지만, 여전히 주님을 신뢰합니다. 주님이 옳습니다."

이 고백을 하나님께 드렸으면 좋겠다. 이 고백을 하나님이 결단코 외면하지 않으시기 때문이다. 주님의 주권을 인정하는 고백은 그 자체로 신앙의 깊은 고백이 된다. 신앙생활은 모든 것을 이해해서 따라가는 여정이 아니다. 이해가 필요한 부분도 있지만, 어느 지점에 이르면 이해되지 않아도 "주님은 옳습니다"라고 고백하며 따라가야 한다. 그때 주님이 이런 감동을 주셨다.

"보이지 않는 곳에서도 나는 너를 인도하고 있다. 너의 기도를 듣고 있고 반드시 응답할 것이다. 지금 네가 보지 못하는 곳에서도 은혜가 흐르고 있다."

이 마음을 붙잡으며 나는 하나님이 여전히 나를 인도하고 계심을 다시 고백했고 더욱 확신하게 되었다. 하나님의 인도와 기도 응답의 확신이 있어야 다시 기도할 수 있다. 응답의 확신이 없다면 기도는 그저 말로 끝나는 형식에 그치지만, 하나님의 주권을 인정하고 그 앞에서 감사할 때 기도는 다시 생명력을 얻는다.

하나님은 어떤 방식으로든 우리의 기도에 응답하신다. 당장은 이해되지 않아도, 여전히 선하신 계획 안에서 우리를 인도하신다. 그러니 포기해서는 안 된다. 하나님의 주권을 인정하는 것은 기도가 막힐 때 다시 길을 열어가는 열쇠가 된다. 이해되지 않아도 괜찮다. 이해를 뛰어넘어 주님을 예배하며 나아가는 것이 우리가 회복해야 할 믿음의 자리다.

부스러기라도 주신 것, 감사합니다

하나님의 주권을 인정하는 것과 함께, 기도가 막힐 때 다시 길을 열어가는 열쇠는 그때도 하나님께 감사하는 것이다.

나도 힘든 상황이 이어져 "하나님, 이 문제는 너무 어렵습니다. 어떻게 해야 합니까? 어떻게 풀어야 합니까?"라는 질문 앞에 설 때마다 마음이 흔들리고 낙심되고 화가 나기도 했다. 속으로 '왜 이런 상황이 반복되는가? 왜 이렇게 힘든가?' 이런 말을 하게 되면 마음은 점점 어두운 쪽으로 향한다. 입에서는 불평과 원망이 나오고 걱정은 눈덩이처럼 커져 산더미처럼 밀려온다. 생각이 깊어질수록 마음은 더 밑으로 떨어진다.

그럴 때 한 가지를 새롭게 결단했다. 감정은 아직 따라오지 않았지만, 입술로라도 감사하기로 하고 시도해보았다.

"하나님, 그저 감사드립니다. 상황이 어렵지만, 기도할 수 있는 은혜를 주신 것에 감사합니다. 두렵지만, 그 두려움 때문에 하나님을 더 의지하게 된 것도 감사합니다. 작게라도 허락하신 것, 부스러기 은혜라도 주신 것에 감사합니다."

감사하는 것이 곧 찬양이었다. 감사를 고백할 때 찬양이 흘러나왔다. 신학생 시절, 수업 전마다 감사 찬양으로 수업을 시작하는 교수님이 계셨다. 독일에서 신학을 공부하신 분이었는데, 수업이 시작되기 전에 항상 이렇게 찬양하셨다.

"감사하라 내 영혼아, 내 속에 있는 것들아 다 감사하라."

그 찬양을 부르면, 상황은 그대로여도 마음은 분명 새로워졌다. 그때와 같은 방식으로 지금도 나는 입술로 감사를 말한다.

"그냥 감사해보자!"

이 단순한 시도가 내 시선을 바꾸어 놓는다. 작은 것에도 감사하기 시작하면, 감사할 제목이 하나씩 보이기 시작하고 마음이 달라진다. 하나님 앞에서 내 마음이 정돈되고, 새로워진다.

감사는 단지 예의가 아니다. 감사는 상황을 바꾸는 믿음의 표현이다. 내가 감사할 때 하나님은 그 감사를 기뻐하시고 그 속에서 새로운 일을 시작하신다.

17

정죄 대신 은혜를 붙드는 기도

믿음이 좋은 사람은 어떻게 기도할까? 성령 충만한 사람은 어떤 기도를 드릴까? 나는 죄의 문제를 잘 해결하면 믿음이 살아나고 영이 강건해지며 기도도 깊어져 성령 충만한 기도가 가능해진다는 것을 발견했다.

반대로 죄의 문제를 해결하지 않으면 마치 블랙홀처럼 모든 기도가 빨려 들어가는 듯한 상태에 빠지게 된다. 기도를 시작하려고 해도 기도가 잘 나오지 않는 이유는 죄의 문제가 있기 때문이다. 그만큼 우리의 삶에 죄가 깊이 들어와 있는 것을 느끼게 된다.

예수님의 보혈로 죄는 씻겼으나 연약한 우리는 또다시 죄를 짓는다. 죄를 안 짓는 게 가장 좋지만, 중요한 것은 죄를 지었을 때 어떻게 하느냐다. 그걸 어떻게 다루느냐에 따라 기도가 완전히 달라진다.

정죄를 속량의 믿음으로

은혜를 붙드는 기도의 방법은 죄의 문제를 해결하는 것이다. 내게 가장 중요했던 것은 스스로 정죄하지 않는 것이었다.

한때 벗어나기 힘든 죄의 유혹에 넘어간 적이 있다. 겉으로는 멀쩡하게 목회하고 있었지만 속으로 '난 왜 이럴까? 나는 하나님 앞에 설 자격이 없는 사람이다. 이런 내가 어떻게 목사라는 이름으로 목회할 수 있나'라는 자책과 정죄감에 짓눌려 있었다. 말 그대로 내 마음이 무너져 있었고, 눈을 감고 기도하려 해도 얼굴을 들 수 없었다. 죄가 주는 그 비참한 마음과 무기력감, 죄책감이 얼마나 강력한지를 정말 경험해보니 알 수 있었다.

그때 내 마음속에 자주 떠오르던 생각이 '너 같은 게 무슨 구원의 자녀고 무슨 목사냐?'였다. 어디서 들은 소리도 아닌데, 내 마음에서 계속 그렇게 소리치고 있었다. 이게 바로 죄가 주는 영향이었고, 그 죄가 내 마음을 완전히 장악하고 있었던 것이다.

그런데 어느 날 아침, 묵상 중에 이 말씀이 보였다.

오호라 나는 곤고한 사람이로다 이 사망의 몸에서 누가 나를 건져내랴 **롬 7:24**

바울도 나처럼 절망했구나 싶었는데, 바로 이어지는 구절에서 전혀 예상하지 못한 고백이 터져 나오는 것을 보게 되었다.

우리 주 예수 그리스도로 말미암아 하나님께 감사하리로다 … **롬 7:25**

처음에는 이 말씀이 잘 와닿지 않았다. 감사는커녕 고개도 못 들고 있었으니까. 그런데 그날따라 그 말씀이 마음속에 계속 맴돌았다. 그날 저녁, 늦게까지 사무실에 앉아 있는데 갑자기 이런 마음이 들었다(정확히 말하면, 하나님이 그런 마음을 주신 것 같다).

'지금 내가 이렇게 눌려 있는 이 죄까지도, 주님이 십자가에서 이미 다 담당하셨잖아.'

그 순간, 눈물이 나기 시작했다.

'예수님, 이것까지도 용서하셨군요. 이런 저를 위해 이미 값을 치르셨군요.'

죄송하면서도 감사했고, 부끄러우면서도 위로가 되었다. 내가 지은 죄는 분명했고 회개할 책임도 내게 있었지만, 그 모든 죄보다 크신 분이 나를 위해 십자가에서 피 흘리셨다는 그 진실을 느끼기 시작했다.

그날 이후로 나는 죄를 지었을 때 반드시 회개해야 하지만, 스스로 정죄하며 무너지지 말아야 한다는 것을 확신하게 되었다. 정죄는 죄가 주는 감정이고, 그 감정에 계속 사로잡히면 결국 회개도, 회복도 멀어진다는 것을 배웠기 때문이다. 그러니 정죄하지 말고 예수님을 바라봐야 한다. 지금 이 순간의 죄도, 앞으로 지을 죄까지도 예수님이 십자가에서 이미 속량하셨다는 것을 믿어야 한다. 그 사실을 믿고 감사할 때부터 회복이 시작된다.

이제는 죄 앞에 설 때마다 주님께 이렇게 고백한다.

"예수님, 이 죄까지도 십자가에서 값을 치르셨음을 믿습니다. 자격 없는 제게 베풀어주신 그 은혜에 감사합니다."

그러면 어느새 마음속에 죄송함과 감사가 함께 올라온다. 그 두 감정이 묘하게 섞여서 결국은 예수님을 더 사랑하고 더 깊이 예배하게 한다. 이것이 정죄에서 감사로, 비참함에서 회복으로 이어지는 신앙의 여정이다. 지금도 나는 그 은혜 속에서 한 걸음씩 걷고 있다.

마음을 살려내라

죄는 마음을 짓누르고 가슴을 무너지게 한다. 그러면 기도하고 싶어도 기도할 마음이 안 생기고, 말씀을 펴고 싶어도 손이 가지 않는다. 내 마음이 다시 살아나면 죄의 문제를 이기고 성령 충만한 기도를 할 수 있다.

교회 개척 후 수년 동안 상황은 녹록지 않고 예기치 않은 일들이 연달아 터져 상처도 많이 받았다. 조용히 털어놓았던 이야기가 다른 데로 흘러가 더 아프게 돌아오기도 했다. 그럴 때면 마음이 내려앉았다. 그때는 정말로 아무것도 하지 못했다. 기도도, 말씀도 손에 잡히지 않아 그저 밖으로 나가서 무작정 걷기만 했다. '하나님, 왜 이렇게 됐을까요…?' 마음속에선 수없이 질문이 맴돌았지만, 입으로는 한 마디도 나오지 않았다.

그 무렵 한 목사님이 '되뇌고 읊조리는' 구약의 묵상 방법 '하가'(히, hagah)를 알려주셨다. 그날 이후 나는 단 한 구절의 말씀을 붙잡고 하루에도 수십 번, 수백 번씩 입으로 조용히 읊조리기 시작했다. "주의 말씀을 열면 빛이 비치어 우둔한 사람들을 깨닫게 하나이다"(시 119:130)라는 말씀도 그중 하나였다.

그 말씀을 수없이 반복했다. 처음에는 아무 감흥이 없었는데 어느 날, 이 말씀이 정말 빛처럼 내 안에 들어왔다. 무너져 있던 마음에 작은 숨구멍이 열리는 것 같았고, 거기서부터 마음이 다시 살아나기 시작했다. 내가 이 말씀을 붙들고 놓지 않자 그 말씀이 나를 다시 일으켜 세웠다.

3개월쯤 지나자 사람들의 말이 전처럼 날카롭게 꽂히지 않았다. 예전에는 말 한마디에도 상처받고 괴로워했는데 어느새 '그럴 수도 있지' 하고 넘어갈 수 있게 됐다. 말씀이 내 안에 쌓이니까 마음속에 어떤 쿠션이 생긴 듯 마음이 부드러워지고 여유가 생겼다.

이후로는 말씀을 '암송'하려 하기보다 그냥 계속 읊조렸다. 입으로 말하고, 귀로 듣고, 마음으로 느끼는 것이다. 그렇게 읊조리다 보면 저절로 말씀이 외워지기도 하지만, 외워지는 게 목적이 아니라, 말씀이 내 안에서 살아 움직이기 시작한다.

오래전, 사례비도 빠듯하던 전도사 시절에 노숙자 사역을 했다. 몹시도 춥던 어느 겨울, 부족한 형편에 빚까지 내서 두툼한 점퍼를 구매해 노숙자 한 분에게 드렸는데 그 분이 "전도사님, 저쪽에서는 더 좋은 옷을 줘요"라고 하는 순간, 내 속에서 불쑥 화가 올라왔다.

'아니, 그럼 절로 가지 여긴 왜 온 거야…'

그러다 금세 '아니지, 절로 가면 안 되고 교회로 오셔야 하는데…' 하고 정신이 들긴 했지만, 그때는 진심으로 속상했고 마음이 툭, 하고 꺾였다. 그런데 바로 그 순간, 그 주간에 읊조리던 말씀이 내 안에서 다시 떠올랐다.

'선을 행할 줄 알고도 행하지 아니하면 죄니라'(약 4:17).

지금 선을 행할 수 있는 걸 알면서도 감정, 상처 때문에 멈추려고 했던 내 모습을 말씀 앞에서 보게 되었다. 말씀이 부담스럽기도 하고 솔직히 피하고 싶었는데 갑자기 '그래, 그냥 하자. 도와드리자. 말씀에 순종하자' 이런 생각이 들어서 마음을 바꾸는 순간, 내 안에 뿌리내리려던 부정적인 생각들이 '툭' 하고 끊어지는 느낌이었다. 말씀이 내 마음을 잘라내는 칼처럼 느껴졌다.

하나님의 말씀은 살아 있고 활력이 있어 좌우에 날 선 어떤 검보다도 예리하여
혼과 영과 및 관절과 골수를 찔러 쪼개기까지 하며 또 마음의 생각과 뜻을 판단
하나니 히 4:12

하나님의 말씀은 정말 살아 있고 운동력이 있어서 혼과 영, 관절과 골수를 찔러 쪼개는 검이라는 것을 그날 확실히 체험했다.

말씀을 읊조리면 영이 깨어나고 영의 감각이 살아나며 그 말씀이 나를 설득하기 시작한다. 감정은 여전히 하기 싫다고 말하는데 그 말씀 하나가 계속 밀고 들어오면서 결국 '하지 않겠다는 생각'과 '피하려는 감정'이 끊어진다. 이게 죄가 끊어지는 것임을 실제로 경험한 것이다. 너무 놀라웠고, 너무 귀한 은혜였다.

부정적인 말이 자꾸 나올 때 "누추함과 어리석은 말이나 희롱의 말이 마땅치 아니하니 오히려 감사하는 말을 하라"(엡 5:4)라는 말씀을 붙들었더니 내 입술도 조금씩 달라지기 시작했다. 기분 나쁜 말이 나오려고 할 때 속에서 한번 걸러지게 되었다.

이 모든 회복의 시작은 '말씀을 내 입에 두는 것'이었다. 그랬더니 어느 순간부터 기도가 다시 살아났고 내 마음이 다시 하나님께로 향하게 되었다. 나는 오늘도 말씀을 읊조린다. 말씀이 나를 붙들고 있고, 또한 내 마음을 다시 살리는 것은 언제나 하나님의 말씀이었기 때문이다.

이렇게 말씀이 죄를 다루고 영이 살아나기 시작하면 믿음도

살아난다. 기도하고 싶은 마음이 생기고, 열정이 되살아나고, 하나님나라를 향한 비전도 다시 회복된다. 무엇보다 은혜가 마음 깊은 곳에서부터 차오르게 된다.

말씀으로 자신을 비추라

우리는 너무나 많은 어둠을 마주하며 살아간다. 힘든 일, 괴로운 상황, 고된 감정의 늪을 자주 바라보며 살아왔기에 마음은 자연스레 낮아지고 기도조차 흐려질 때가 많다.

그러나 말씀은 우리를 비추는 빛이다. "주의 말씀을 열면 빛이 비치어 우둔한 사람들을 깨닫게 하나이다"라는 말씀은 단순한 선언이 아니라 실제다. 처음에는 그냥 읊조렸는데, 어느 날 그 말씀이 내 영혼을 확 비추는 것을 경험했다. 거울을 보며 "너 할 수 있어"라고 외치는 자기계발식 긍정이 아니라, 시공간을 초월한 하나님의 말씀 자체가 나를 비추는 실제적인 사건이었다.

진리는 언제나 옳고, 언제나 빛이다. 그 빛이 나를 비출 때, 내 안에 있는 어둠이 물러가고 감정과 생각이 서서히 변하기 시작했다. 그렇듯 말씀으로 자신을 비추는 것은 성령 충만한 기도를 할 수 있는 또 하나의 비결이다.

예수님 안에서 우리는 이미 하늘에 앉히심을 받은 존재(엡 2:6 참조)다. 이 말씀은 미래형이 아니라 현재형이다. 예수님이 하나님의 보좌 우편에 앉아 계신 것처럼 우리도 그리스도 안에서 하늘에 앉혀진 존재다. 하늘에 앉혀진 존재가 죄 가운데 있을 수 없기에 나는 그 말씀 앞에서 새롭게 내 정체성을 묵상했다.

"나는 예수님 안에서 의로워졌습니다. 영화롭게 되었습니다."

처음에는 이 고백이 어색했지만 성경이 그렇게 말씀하고 있기에 그 말씀을 받아들이기로 했다.

성경은 하나님이 부르신 자들을 의롭다 하시고 영화롭게 하셨다고 말씀한다(롬 8:30 참조). 그건 내 삶의 모양이 아니라 예수 그리스도의 십자가와 그분의 보혈과 그 사랑 때문이다.

성령께서 이 말씀을 읊조리게 하셨고, 계속해서 내 안에 이 진리를 심어주셨다. 그러자 기도할 때마다 내 안에 있는 어두운 감정과 생각이 하나씩 말씀의 빛으로 물들어가는 것을 경험했다. 점점 죄가 떨어져 나가기 시작하고 나쁜 생각이 밀려 나갔다. "하나님의 사랑은 끊어지지 않습니다"라는 진리가 마음 깊은 곳에서 믿어지기 시작했다.

내가 잘하고 있을 때가 아니라 넘어졌을 때, 죄를 지었을 때 이 말씀을 고백하는 게 은혜를 붙드는 '진짜 기도'였다.

"나는 예수님을 통해 의로워졌습니다. 나는 영화롭게 되었습니다. 하나님의 사랑은 결단코 끊어지지 않습니다."

이 고백을 반복할수록 내 마음의 딱딱했던 감정이 녹아내리고, 눈물이 나고, 감사하고 죄송한 마음이 동시에 밀려들었다.

그렇게 서서히 말씀을 지팡이 삼아 일어설 수 있었다.

그 이후로 나는 기도할 때, 하늘에 앉혀진 내 모습을 묵상한다. 이미 영화롭게 된 나, 이미 사랑받고 있는 나, 하나님의 말씀대로 의로워진 나를 보고 그 모습이 내 진짜 모습이라는 것을 마음에 새기며 고백한다.

"하나님의 사랑은 끊어지지 않습니다! 하나님은 나를 거룩하게 하셨습니다! 나는 의로워졌습니다!"

말씀대로 믿고 고백할 때 그 말씀이 실제가 되고 그 빛이 나를 완전히 새롭게 하시는 것을 경험하게 된다. 이것이 진리의 빛으로 나를 비추는 기도다. 말씀은 진리의 빛이다. 그 빛으로 나를 비추고 하나님의 말씀에 생각과 감정을 맞춰가야 한다. 말씀이 나를 바꾸도록 내어드리는 것이다. 처음에는 말씀을 읊조리는 것도, 나에게 진리의 빛을 비추는 것도 불편하고 부자연스럽다. 그러나 반복하다 보면 말씀의 능력이 나를 점점 변화시킨다.

나는 하루에 성경 한 장을 읽고, 설교를 듣고, 세 가지 감사를 적고, 그 주간에 붙들고 가는 한 말씀을 수없이 읊조리며 하루를 살아간다. 그렇게 읊조린 횟수를 나누고 서로 격려하면서 말씀 안에 머물고자 한다. 이 글을 읽는 당신도 함께하면 좋겠다.

18

불평 대신 감사를 붙드는 기도

기도하면서도 답답할 때가 있다. 마음이 막힌 듯 시원하게 뚫리지 않고, 은혜가 잘 흘러오지 않는 순간이다. 그럴 때면 이런 생각이 들곤 했다.

'이 답답한 마음, 기도 안에서 시원하게 풀릴 수 없을까? 기도의 문이 활짝 열려서 성령이 주시는 신선한 은혜를 받을 수 없을까?'

골로새서를 읽다가 마음이 멈추는 구절들이 있었다. 그리고 읽으면서 깨달았다.

'아, 이게 바로 기도의 문이 열리는 은혜구나. 이것이 기도의 문이 열리는 지점이구나. 이것이 기도의 문이 열리는 장소구나.'

비록 부족하지만, 그 은혜의 몇 가지 지점을 나누고자 한다.

감사가 기도의 문을 연다

기도의 문을 여는 비밀은 감사기도다. 감사는 상황이 좋아져서 나오는 기분이 아니라, 하나님이 여전히 내 곁에 계신다는 사실을 붙드는 믿음의 고백이다. 그래서 감사가 시작되는 순간, 마음의 잠금이 풀리고 기도의 공기가 바뀐다. 감사가 기도의 문을 여는 순간은 거대한 사건보다 사람의 마음이 풀리는 장면에서 더 또렷하게 드러난다.

연풍리에서 아내와 함께 반찬 나눔을 시작하고 얼마 지나지 않아서 만난 그 어르신은 하반신을 움직이지 못해 평생 누워만 지내던 분이었다. 그 집에 들어가 보면 방은 늘 캄캄하게 불이 꺼져 있고 어르신은 조용히 누워 계셨다.

요양 서비스가 흔하지 않던 시절이라 누군가 찾아와 말을 걸어 드리는 것만으로도 어르신은 크게 반가워하셨다. 반찬을 드리고 안부를 여쭙고 이런저런 이야기를 나누다 보니 우리에게 마음을 조금씩 열어주셨다.

어느 날 우리가 조심스럽게 "어르신, 기도해드려도 될까요?" 하고 여쭤보자, 부처님을 열심히 믿던 분인데도 "네" 하고 허락해주셨다. 우리가 손을 잡고 기도하는 동안, 처음에는 끄덕이기만 하셨으나 시간이 지나자 "아멘"이라는 고백이 입에서 흘러나왔다. 그 "아멘" 하는 한마디가 어르신 마음의 문이 조금 열리는 소리처럼 들렸다. 기도를 마치고 "찬양도 불러드릴까요?" 하고 여쭤자 한번 해보라며 미소를 지으셨다.

"내가 연약할수록 더욱 귀히 여기사 높은 보좌 위에서 낮은 나를 보시네 어르신 사랑하심, 어르신 사랑하심, 어르신 사랑하심, 성경에 써 있네."

그 찬송을 조용히 불러 드릴 때, 듣던 어르신의 얼굴이 조금씩 부드러워지는 것을 우리는 함께 보았다. 찬양이 끝나기도 전에 그 마음이 열리고, 어느새 예수님을 받아들이고 계신다는 것을 느낄 수 있었다. 그날 이후 우리는 어르신께 기도를 알려드렸다.

"아픈 것도, 힘든 것도 다 예수님에게 말씀드리면 그게 기도예요. 앞에 '예수님' 하고 부르시고, 마음에 있는 말을 그대로 얘기하신 다음에, 끝에 '예수님의 이름으로 기도합니다' 하면 기도가 됩니다."

어르신은 우리가 댁에 들러서 함께 예배드리고 찬양을 불러 드릴 때마다 조금씩 더 밝아지셨고, 결국 믿음 안에서 평안히 주님의 부르심을 받으셨다. 우리가 드린 것은 대단한 기술이 아니라 감사가 흘러 들어가게 하는 작은 사랑이었다. 감사가 기도의 문을 연다는 것을 현장에서 배웠다.

그래서 나는 "감사함으로 깨어 있으라"라는 바울의 말이 추상적으로 들리지 않는다. 감사는 기도의 장식을 달아주는 것이 아니라, 기도가 들어갈 문을 열어주는 열쇠다. 감사가 열리면 기도는 다시 살아 움직이기 시작한다.

기도를 계속하는 것은 당연히 애를 써야 하는 일이다. 그 기도가 살아 있게 하는 힘이 바로 '감사'다. 기도하다 보면 마음이 지쳐서 더는 나아가지 못하고 호흡이 가빠질 때가 있다. 그런데 감사가 터져 나오는 순간, 기도는 다시 숨을 쉬기 시작한다. 감사는 기도의 호흡이기 때문이다. 중간에 호흡 없이 25미터 수영을 완주할 수 없듯 감사 없는 기도는 길게 가지 못한다.

나도 처음에는 감사가 어려워서 감사 노트를 쓰기 시작했다. 책상에 앉아 '오늘 감사할 게 뭘까? 감사를 생각하자' 하고 억지로 감사를 찾았다. 기도 중에도 감사할 게 뭘까, 계속 생각하고 한참을 뒤져 겨우 한두 가지를 적곤 했다. 그마저도 마음 깊이 울리는 감사는 아니었다.

그런데 하나님이 내게 은혜의 방법을 주셨다. 억지로 감사 제목부터 찾으려고 하지 않고, 먼저 오늘 하루 있었던 일을 하나님께 차근차근 말씀드리는 것이다. 아침에 일어난 순간부터 만난 사람, 나눈 대화, 느낀 마음까지 그대로 주님 앞에 올려드리면 성령께서 그 하루 속에서 감사해야 할 순간을 보여주셨고 그때 감사가 자연스럽게 흘러나왔다.

얼마 전, 한 성도의 어머니가 주님 품으로 가셔서 나도 벽제에 있는 서울 승화원에 갔다. 장례 예배를 마치고 화장 절차가 시작됐다. 화로 문이 닫히자 유리창 위에 커튼이 스크린처럼 내려와 시야를 완전히 가렸다. 사랑하는 이를 더는 볼 수 없다는 현실이 유족들의 마음을 아프게 했다. 그 자리에서 무거운 마음으로 유족을 위해 기도하는데, 하나님이 마음에 감동을 주셨다.

"영원히 썩지 않는 육체를 얻게 되리라."

이날 주님의 품에 안기신 분은 구원받은 성도였다. 이 땅에서는 육신이 없어지지만, 부활의 날에는 영원히 썩지 않는 몸을 입게 될 것을 믿게 하셨다. 그 믿음으로 서로를 위로했다.

돌아오는 길에 이날 있었던 일을 차근차근 주님께 말씀드렸다. 장례 예배, 유가족의 표정, 닫히는 화로 문, 내려오는 커튼…. 그 모든 장면 속에 주님의 은혜와 기쁨이 숨어 있었다. '아, 하나님이 이렇게 인도하시고 소망을 주셨구나' 하고 깨닫는 순간 감사가 흘러나왔다. 그때 알았다. 감사는 억지로 제목을 먼저 찾으려 애쓰는 것이 아니라, 오늘의 삶을 있는 그대로 주님께 말씀드릴 때 성령께서 보게 하시는 것이라는 사실을.

그렇게 발견한 감사 하나가 기도를 확장한다. 기도의 문이 열리고 기도가 기쁨으로 채워진다. 이것이 하나님께서 내게 가르쳐주신 감사기도의 문이 열리는 방법이었다.

자유함이 감사의 문을 연다

성령께서 자유함을 주시면 기도가 기쁨이 되고 기도의 생수를 마시는 은혜를 누리게 된다. 기도할 때 답답함이 사라지고 기도의 문이 활짝 열린다.

또한 우리를 위하여 기도하되 하나님이 전도할 문을 우리에게 열어주사 그리스도의 비밀을 말하게 하시기를 구하라 내가 이 일 때문에 매임을 당하였노라

골 4:3

골로새서는 옥중서신이다. 감옥에 갇힌 사도 바울은 골로새 교회 성도들에게 "전도할 문을 우리에게 열어주시길 기도해달라. 그러면 내가 그리스도의 비밀을 말할 수 있을 것이다"라며 중보기도를 요청한다. 감옥에서 나갈 수 있게 해달라는 것과 담대하게 그리스도의 비밀을 전하는 은혜를 달라는 것이다.

우리에게도 이런 기도가 필요하다. 많은 이가 "전도는 은사입니다. 전도는 아무나 할 수 없습니다"라고 말한다. 나도 처음에는 그랬다. 처음 전도할 때는 마음이 무겁고 부담이 컸다. 전도지를 건넸다가 거부당하면 내가 거부당한 것처럼 느껴졌다.

그런데 몇 가지만 연습하고 훈련하면 의외로 편안해진다. 앞으로는 상대방이 거부할 때 웃으며 "행복한 하루 보내세요", "즐거운 하루 되세요", "좋은 하루 보내세요" 이렇게 인사해보라.

몇 번만 하면 마음이 여유로워진다. 물론 연습이 필요하다.

전도지를 받자마자 버리는 모습을 보면 순간 창피한 느낌이 들 수 있으나 그럴 필요가 없다. 직장에서 전화를 연결하거나 상담하는 사람들을 생각해보라. 상담원들이 얼마나 힘들고 어려운 일을 하는지 안다. 나도 바쁠 때 걸려온 전화를 "죄송합니다"라고 말하고 끊은 적이 있다. 나는 한 번 끊었지만, 전화를 거는 사람은 수십 번, 수백 번 같은 상황을 반복해야 한다. 그래도 그들은 견뎌낼 지혜가 있다. 전도할 때도 그 지혜가 필요하다.

나는 전도지를 줄 때 거부당하더라도 그 반응에 마음을 빼앗기지 않고 내가 좋은 일, 선한 일을 하고 있다는 사실을 붙들었다. 그래서 "좋은 하루 보내세요"라고 인사하며 나아가면 마음이 자유해지고 그들을 위해 기도할 수 있게 된다.

이 경험을 통해 이것을 알려주신 분이 성령님이라는 것을 깨달았다. 전도할 때 전도의 문을 열어 달라고 기도했더니 내 마음의 문이 먼저 열렸다. 나는 감옥에 있는 것도 아니고 전도할 기회를 전혀 얻지 못한 것도 아닌데 "나는 못 해. 나는 부족해"라고 제한하며 나를 스스로 감옥에 가둬 놓고 있었다.

특히 가족에게 복음을 전하려고 할 때가 어렵다. 믿지 않는 배우자에게 "우리, 교회에 한번 가볼까?"라고 정말 어렵게 한마디를 꺼냈는데 단번에 "당신이나 믿어. 다시는 그런 말 꺼내지 마"라고 거절당하면 힘이 빠진다. 자녀에게 거절당할 때도 있다.

나는 거절당할 때 그냥 좋은 말을 해준다. "알겠어요. 당신을 위해서 기도하고 있어요"라고 반응하는 것이다. 앞서 말한 것처럼 "좋은 하루 보내세요"라는 인사만 훈련하면 어렵지 않다. 어색함에 익숙해지는 것이 필요하다. 그러다 보면 무례하게 느껴지는 상황에도 조금씩 익숙해지고 무뎌진다.

주님을 위해 그렇게 할 때, 전도의 삶과 은혜의 삶이 전혀 다른 차원으로 나타난다. 기도할 때 하나님이 그런 은혜를 주신다. 기도하면 '아, 내가 나를 묶어놨구나. 내가 이렇게 갇혀 있었구나' 하는 것을 깨닫고 자유함이 일어난다. 성령님은 지금도 은혜를 주시며 말씀하신다.

"할 수 있다. 별것 아니다. 아무것도 아니다."

무례하게 느껴지고, 불편하게 느껴지고, 서먹서먹하게 만드는 이런 것들은 조금만 익숙해지면 넘어갈 수 있게 된다. 주님이 맡기신 영혼을 위한 일이라 생각하면 견딜 수 있게 되고 두려움과 부담감에서 자유로워진다. 이것이 기도의 문이 열리는 순간이다. 그러면 기도가 확 살아나고, 기도가 기뻐진다.

바뀐 언어가 감사의 문을 연다

하나님이 내 기도의 제목과 내용보다 기도의 언어를 바꾸게 하실 때가 있다. 그 순간 기도가 달라진다. 하나님은 기도의 내

용만이 아니라 그 내용을 담아내는 언어도 다루신다.

부정의 언어를 긍정의 말로 바꿔라

외인에게 대해서는 지혜로 행하여 세월을 아끼라 너희 말을 항상 은혜 가운데서 소금으로 맛을 냄과 같이 하라 그리하면 각 사람에게 마땅히 대답할 것을 알리라 골 4:5,6

우리의 말은 언제나 은혜 가운데 있어 소금처럼 맛을 내야 한다. 쉽게 말해 살맛 나는 말, 사람을 살리는 말을 하라는 것이다. 은혜의 말, 믿음의 말, 소망의 말을 하라는 것이다.

기도의 내용이 아무리 좋아도 그 언어가 불평과 원망으로 가득 차 있다면 응답의 문이 막힌다. 이스라엘 백성이 광야에서 원망과 불평을 쏟아냈을 때 하나님은 이렇게 말씀하셨다.

나를 원망하는 이 악한 회중에게 내가 어느 때까지 참으랴 이스라엘 자손이 나를 향하여 원망하는바 그 원망하는 말을 내가 들었노라 민 14:27

하나님은 백성들이 원망하는 말을 듣고 그들이 원망한 그대로 행하셨다(민 14:28 참조). 그 결과로 여호수아와 갈렙을 제외한 모든 세대가 가나안 땅에 들어가지 못했다. 광야를 지나 가나안에 들어가는 결정적인 요소가 언어에 달려 있다는 사실은 성경이 주는 매우 중요한 경고이자 교훈이다.

성경은 "혀는 곧 불이요 불의의 세계라 혀는 우리 지체 중에서 온몸을 더럽히고 삶의 수레바퀴를 불사르나니 그 사르는 것이 지옥 불에서 나느니라"(약 3:6)라고 말씀한다. 혀는 작지만 인생의 방향을 불태울 힘을 가지고 있다. 예수님도 "입에 들어가는 음식이 사람을 더럽히는 것이 아니라 속에서 나오는 것이 사람을 더럽힌다"(막 7:20-23 참조)라고 하셨다. 언어는 그만큼 우리의 인생을 좌우한다.

어떻게 하면 언어를 새롭게 할 수 있을까? '기도' 안에서 주님이 새롭게 하신다. 먼저 기도 속에서 은혜를 받게 하시고, 그 은혜가 언어로 드러나게 하시며, 기도를 통해 변화된 언어를 실제 삶에서 적용하게 하신다. 기도와 언어는 떨어질 수 없는 한줄기의 물처럼 연결되어 있기 때문이다.

예배와 기도에는 성실했으나 일상에서는 늘 "안 돼요", "어려워요", "소용없어요"라는 부정적인 말이 습관처럼 입에서 먼저 나오는 집사님이 있었다. 그런데 어느 날, 새벽예배 때 "너희 말이 내 귀에 들린 대로 내가 너희에게 행하리니"(민 14:28)라는 본문 말씀을 붙잡은 집사님이 회개하며 기도하기 시작했다.

"주님, 제 입술의 말을 바꿔주세요. 부정의 말을 믿음의 말로, 불평의 말을 감사의 말로 바꿔주세요."

그 후로 그 분의 언어가 변하기 시작했다. "안 돼요" 대신 "하나님이 하시면 됩니다"가, "어려워요"라는 말 대신 "하나님이 길을 열어주실 것을 믿고 감사드립니다"라는 기도가 입에서 나오기 시작했다. 그 변화를 가족들이 먼저 알아보았고 그 분의 환경도 점점 열리기 시작했다.

하나님이 내 언어를 점검하신 적이 있다. 사역이 힘들고 마음이 지쳐서 "하나님, 너무 힘듭니다. 이제 못 하겠습니다"라는 말을 반복해서 올려드리던 때였는데 기도 중에 성령께서 내 마음에 이런 감동을 주셨다.

"너의 입에서 나오는 말이 너의 마음을 묶고 있지 않느냐. 네가 '못 하겠습니다'라고 하면 네 마음이 그 말에 묶이고, 네가 '할 수 있습니다'라고 하면 내 능력이 그 말에 함께하지 않겠느냐."

그때 깨달음을 얻고 그 자리에서 기도의 언어를 바꾸어 "주님, 힘들지만 할 수 있습니다. 주님이 하시면 됩니다. 주님을 의지합니다. 저를 통해 일하실 주님을 기대하며 미리 감사드립니다"라고 기도했다. 그 순간 내 마음에 새로운 힘이 들어왔다. 기도의 자리에서 바꾼 한마디 언어가 내 안의 믿음을 일으키고 사역을 감당하게 하는 힘이 되었다.

말 한마디를 참는 습관

기도하며 내 마음의 원망과 슬픔을 하나님께 말씀드릴 때도 있지만, 성령님이 불평과 원망을 참게 하실 때도 있다. 그때는 은혜를 주실 때다. 속상한 일을 당해 안 좋은 말을 쏟아내고 싶은 마음이 올라올 때 부정적인 말을 꾹 참게 하신다. 참을 수 있다는 사실을 깨닫게 하시고 하나님이 원하시는 말을 하게 하신다.

"내게 어려움만 있는 게 아니다! 하나님이 합력하여 선을 이루신다! 하나님이 계시니 인도해주실 것이다! 살려주실 것이다! 피할 길을 열어주실 것이다!"

이것이 기도 가운데 열리는 문이고, 성령의 인도하심의 은혜다. 이 은혜는 기도 시간에만 머무는 것이 아니라 삶 속으로 이어져 변화를 일으키는 능력이 된다.

현실에서는 환경이 바뀌지 않기 때문에 기도할 때보다 말과 마음을 지키기가 훨씬 어렵다. 그래서 의도적으로 험담하지 않으려 해도, 누군가 말을 꺼내면 무심코 동의하며 반응할 때가 있다. 그러나 기도 중에 성령님이 참게 하셨던 것처럼, 실제 상황에서도 참아보는 것이 중요하다. 그렇게 참는 경험이 쌓이면 '아, 내가 험담을 안 해도 되는구나'라는 깨달음이 온다.

남의 말 하기를 좋아하는 자의 말은 별식과 같아서 뱃속 깊은 데로 내려가느니라 **잠 18:8**

험담은 별식과 같아서 자극적인 맛이 있다. 그 자극적인 맛을 거절해야 한다. 말 한마디를 참는 그 순간이 내 인생의 방향을 바꾸는 지점이 된다. 이스라엘 백성이 광야를 지나 가나안에 들어갈 때 결정적인 열쇠가 언어였듯이 우리 삶도 말이 바뀌면 길이 바뀐다.

참음이 습관이 되면 하나님 앞에서 믿음을 고백하는 언어가 자연스럽게 흘러나온다. "하나님의 도우심을 믿습니다, 선하신 하나님을 신뢰합니다. 주님을 의지합니다"라는 고백이 기도 시간뿐만 아니라 실제 삶에서도 믿음의 말로 이어진다.

기도는 기도로 끝나지 않고, 기도가 끝난 후에도 하나님의 인도하심과 응답은 계속된다. 그 속에서 '이렇게 말하는 것이 옳구나, 이렇게 고백하는 것이 하나님이 기뻐하시는 것이구나'라는 확신이 든다.

환경은 쉽게 바꿀 수 없지만, 언어는 결단하면 바꿀 수 있다. 성령님이 도우시면 부정적인 말은 사라지고 믿음의 고백이 채워진다. 당신이 지금 이 글을 읽는 순간에도 하나님은 기도의 문을 여시는 분임을 나는 확신한다.

19

막힌 환경을 열고 뛰어넘는 기도

교회를 처음 개척했을 때 성도님에게 왜 아직 등록을 안 하시냐고 물으면 "목사님, 개척교회는 너무 광야 같아서 무서워요. 등록까지는 못 하겠어요"라는 말을 듣곤 했다. 그때는 정말로 광야 같았고 솔직히 나도 두려웠다.

더 큰 문제는 따로 있었다. 바로 그 원인을 잘 파악하지 못하겠다는 점이다. 열심과 최선을 다하는데도 오히려 교회가 더 어려워지면 '도대체 뭐가 문제인가?' 싶고, 여기서 뭘 어떻게 해야 교회가 성장하고 잘될 수 있는지 답을 찾기가 어려웠다.

이는 목회자에게만 해당하는 고민이 아니다. 인생이 막혀서 그 원인을 찾으려 애쓰는 분들 모두 똑같은 지점에 서 있다. 지금 서 있는 그 막막한 자리에서 어떻게 길을 찾아가야 할지 답을 알지 못할수록 우리는 하나님께서 은혜로 열어주실 것을 기대해야 한다. 그렇다면 어떻게 인생을 회복할 수 있을까? 이때 우리가 스스로 물어야 할 3가지 질문이 있다.

나는 행복한 사람인가

가장 먼저 "나는 행복한 사람인가?"를 물어야 한다.

부교역자로 사역할 때 새가족부의 양육을 맡아서 정말 열심히 했다. 그 일에만 집중하니 시간 가는 줄도 모를 만큼 재미있었고 사역에도 열매가 있었다. 교회를 개척하고 나서도 똑같이 했다. 내가 담임목사이니 오히려 더 열심히 준비하지 않았겠는가? 그런데 이상하게도 열매가 별로 없고, 기대한 만큼의 결과가 나오지 않았다. 뭐가 문제인지 알 수도 없었다.

개척하면 할 일이 참 많다. 이 사역, 저 사역 최선을 다하다 보니 너무 지쳐 어느새 나는 이미 기쁨을 잃은 사람이 되어 있었다. 사역도 교제도 부담스럽고 어렵게 느껴졌다. 내가 행복하지 않으면 다른 사람을 행복하게 할 수 없고, 내가 기쁘지 않은데 다른 사람을 기쁘게 할 수 없다는 사실을 그때 깨달았다.

어떤 교회의 청년부가 나날이 부흥하는 이유가 궁금했던 한 목사님이 부교역자를 그 교회에 파송하여 한두 달 정도 출석하면서 부흥의 원인을 살펴보게 했다. 그런데 그 부교역자가 아무리 살펴봐도 잘 모르겠더란다. 나중에 그는 부흥하는 교회의 목사님에게 인사를 드리면서 "목사님, 이 교회의 청년부가 부흥하는 원인이 뭔지는 잘 모르겠습니다. 제가 한 가지 느낀 건, 목사님이 청년들을 좋아하시는 것 같습니다"라고 말했다. 그런데 그게 정답이었다.

목회가 행복하다는 목사님을 만날 때가 있다. 의례적인 말이 아니라 진심으로 이렇게 말씀하는 분이 계신다. 그런 교회에 가보면 정말 다르다. 설교가 특별히 뛰어나거나 좋은 프로그램 때문만은 아니다. 그 목사님의 행복이 교회 전체로 전파되고 있기 때문이다. 그런 곳에는 하나님이 반드시 은혜를 주신다.

크고 높은 담이 가로막고 있어 답답하다면, 자기 자신에게 조용히 물어보라. '나는 지금 행복한 사람인가? 나에게 행복이 있는가? 내가 지금 맡은 일을 행복하게 하고 있는가?'라고. 지치고 행복을 잃어버렸다면 기쁨과 행복부터 회복해야 한다.

내 인생의 목자는 누구인가

내가 지금 행복하지 않다는 문제를 깨달았다고 해서 자동으로 행복이 들어오는 것은 아니다. 그렇다면 어떻게 해야 잃어버린 행복을 되찾을 수 있을까? 나는 성경의 사람들을 보면서 특히 다윗을 주목했다. 그가 행복했던 비밀을 시편에서 발견했다.

여호와는 나의 목자시니 내게 부족함이 없으리로다 시 23:1

하나님이 자기 목자가 되어주셨기 때문에 다윗은 부족함이 없었다. 그 말은 곧 행복했다는 의미다. 이어지는 고백을 보자.

그가 나를 푸른 풀밭에 누이시며 쉴 만한 물가로 인도하시는도다 내 영혼을 소생시키고 자기 이름을 위하여 의의 길로 인도하시는도다 내가 사망의 음침한 골짜기로 다닐지라도 해를 두려워하지 않을 것은 주께서 나와 함께하심이라 주의 지팡이와 막대기가 나를 안위하시나이다 시 23:2-4

다윗은 실제로 하나님을 목자로 믿었다. 내가 봐도 기쁠 것 같았다. 문제는 나였다. 나는 정말로 예수님을 내 인생의 목자로 삼고 있는지 돌아보니 내 인생의 목자는 나 자신이었다. 내가 내 인생을 끌고 가고 있었다. 하나님을 믿고 예수님을 구주로 영접했는데, 내 인생의 주인은 여전히 나일 때가 너무 많았다.

목자가 없으니 두렵고, 힘든 상황이 닥치면 평소에는 드러나지 않던 진짜 실체가 나타났다. 일은 많은데 지치고 사역할 의지도 생기지 않았다. 그때야 비로소 나에게 열정이 없었다는 사실을 깨달았다.

모든 걱정을 주님께 맡겨야 하는데도 나는 걱정투성이였고 믿음마저 없었다. 성도님들을 뜨겁게 사랑해야 하는데 뜨겁지 않았다. 사랑의 은혜가 있어야 하는데, 그 사랑이 충분하지 않았다. 믿음도 없고, 사랑도 없고, 하나님이 주시는 은혜도 누리지 못했다.

하나님은 그런 내게 딱 막히게 하심으로 기본을 가르치셨다. 내가 진행하는 일들이 하나도 되지 않았다. 그게 정상이었다. 하나님은 그것을 통해 사랑하는 법을 알려주시고, 믿어야 할 것을 알게 하셨다. 사랑 없는 자리에서 사랑할 수 있게 만드셨고 사랑할 수 없는 환경에서 사랑해야만 하는 자리로 이끄셨다. 믿음을 가질 수밖에 없는 환경에서 살게 하셨다.

내가 내 인생을 끌고 가면 당연히 두렵고 힘들다. 인도해줄 목자가 없으니 두려운 게 당연하다. 그렇다면 결론은 '예수님이 반드시 나의 목자가 되셔야 한다'라는 것이다.

예수님과 인격적 교제를 하는가

누군가 나의 목자가 되려면 내가 그 목자를 사랑해야 한다. 그래서 하나님께 "제가 예수님을 사랑하고 싶은데 어떻게 사랑할 수 있나요?"라고 여쭤보았을 때 떠오른 말씀이 요한복음 15장의 포도나무와 가지 비유였다. 내가 예수님을 믿고 예수님의 말씀이 내 안에 거하면, 내가 구하는 것을 주님이 은혜로 이루어주신다.

너희가 내 안에 거하고 내 말이 너희 안에 거하면 무엇이든지 원하는 대로 구하라 그리하면 이루리라 요 15:7

이어지는 9절에서 예수님은 "나의 사랑 안에 거하라"라고 말씀하신다. 그 말씀처럼 나도 예수님의 사랑 안에 거하고 싶었다. 문제는 어떻게 거하는지 모른다는 사실이었다. 다행히 예수님이 그 방법을 직접 알려주셨다.

내가 아버지의 계명을 지켜 그의 사랑 안에 거하는 것같이 너희도 내 계명을 지키면 내 사랑 안에 거하리라 요 15:10

예수님이 하나님의 계명을 지켜 그 사랑 안에 거하셨듯이 우리도 예수님의 계명을 지키면 예수님의 사랑 안에 거하게 된다. 그러면 예수님이 주신 계명은 무엇인가? 그분이 주신 어떤 계명을 지켜야 하는가?

내 계명은 곧 내가 너희를 사랑한 것같이 너희도 서로 사랑하라 하는 이것이니라 요 15:12

예수님이 주신 계명은 서로 사랑하는 것이다. 서로 사랑하면 그것이 곧 그분의 사랑 안에 거하는 것이라고 직접 말씀하셨다.

내가 형제를 사랑하면 그 순간 예수님의 사랑 안에 거하게 된다는 것이다. 이해가 되는가? 형제를 사랑하다가 그 사랑 가운데서 예수님의 사랑을 만난다는 의미다.

나는 말씀을 읊조리면 그 말씀을 내 삶에서 만나게 된다고 고백해왔는데 바로 그 주에 내 삶에서 만난 말씀이 이것이었다.

> 무엇보다도 뜨겁게 서로 사랑할지니 사랑은 허다한 죄를 덮느니라 벧전 4:8

나도 한번 사랑해보기로 결단하고 마음을 열었다. '인사를 조금 덜 하시는 분이라도 내가 사랑해야지, 사실 그 분을 향해 마음의 문을 살짝 닫고 있었는데 그래도 사랑해야지' 하고 마음을 조금 열었더니 신기한 일이 벌어졌다.

마음을 열자마자 '아, 예수님이 나를 이렇게 사랑하셨구나. 부족한 나를 이렇게 사랑하셨구나' 하고 실제로 와닿기 시작했다. 예수님이 나를 이렇게 사랑하셨다는 것을 깨달은 그 순간 예수님의 사랑이 느껴졌다. 정말 예수님의 사랑 안에 거하는 것이 내 안에 체험되었다. 내가 사람들을 사랑할 때 그 사랑을 통해 예수님의 사랑에 접촉되는 것이었다.

이것을 계속 경험하니 예수님과 인격적인 교제가 이루어졌다. 신기할 정도로 '예수님이 이렇게 인격적인 존재이시구나. 나를 받아주시는 분이구나. 정말 조건 없이 나를 사랑하시는구나' 하고 깨달아지며 예수님의 사랑이 더욱 느껴졌다.

사랑할 때 인생이 회복되고 형통해진다

'어떻게 하면 내 인생을 다시 회복할 수 있을까?'라고 질문을 던졌을 때 결론을 얻었다. 주님을 사랑할 때 형통해진다고.

나의 힘이신 여호와여 내가 주를 사랑하나이다 시 18:1

다윗은 주님께 사랑을 고백한 후 "여호와는 나의 반석이시요 나의 요새시요 나를 건지시는 이시요 나의 하나님이시요 내가 그 안에 피할 나의 바위시요 나의 방패시요 나의 구원의 뿔이시요 나의 산성이시로다"(시 18:2)라고 말한다.

하나님을 사랑했던 그는 길에 나가서 반석을 봐도 하나님의 사랑을 느꼈다. 산성 안에서 하나님의 사랑을 경험했고, 요새 안에 들어가서도 하나님의 사랑이 자기 마음에 충만하게 가득 찼다. 이런 것을 실제로 겪었다. 놀라운 일이 아닌가?

다윗은 평범한 삶을 살지 않았다. 도망자로 살았고 정말로 두렵고 힘든 삶을 살았다. 그런데도 그는 행복을 느꼈다. 하나님을 사랑하는 것이 그에게 힘이 되었기 때문이다. 이런 은혜가 어떻게 가능했을까? 성경은 이미 그 방법을 가르쳐주었다.

이스라엘아 들으라 우리 하나님 여호와는 오직 유일한 여호와이시니 너는 마음을 다하고 뜻을 다하고 힘을 다하여 네 하나님 여호와를 사랑하라 신 6:4,5

"들으라"라는 말은 히브리어로 '쉐마'인데 이스라엘은 이 쉐마를 손목에 차고, 미간에 붙이고, 문지방에 기록해서 항상 보도록 했다. 이것이 쉐마의 핵심이었다. 그리고 이어서 말씀한다.

오늘 내가 네게 명하는 이 말씀을 너는 마음에 새기고 네 자녀에게 부지런히 가르치며 집에 앉았을 때에든지 길을 갈 때에든지 누워 있을 때에든지 일어날 때에든지 이 말씀을 강론할 것이며 너는 또 그것을 네 손목에 매어 기호를 삼으며 네 미간에 붙여 표로 삼고 또 네 집 문설주와 바깥 문에 기록할지니라 신 6:6-9

계속 기억하라는 것이다. 자녀에게도 제일 먼저 가르치고, 집에 앉아 있을 때도, 길을 갈 때도, 심지어 누워 있을 때나 일어날 때도 계속 이 말씀을 묵상하라고 하셨다. 손목에 매고, 미간에 붙이고, 문설주에 붙여서 들어갈 때나 나올 때 그 말씀을 보라는 것이다.

손목은 일하고 행동할 때 가장 많이 움직이는 신체다. 즉, 우리의 일과 능력을 발휘하는 순간마다 "하나님을 사랑하라"라는 말씀을 붙잡으라는 것이다. 미간은 생각과 감정이 오가는 자리, 우리가 판단하고 느끼는 모든 곳의 중심이다. 생각과 감정이 흔들릴 때마다 하나님을 사랑하라는 말씀을 기억하라는 뜻이다.

집 문설주와 문에 기록하라는 것은 들어올 때도, 나갈 때도 가장 자주 지나치는 그 자리에서 하나님을 잊지 말고 바라보라는 뜻이다. 이처럼 하나님은 말씀을 계속 보게 하신다. 말씀을 계속 기억하면 사랑이 생기기 때문이다.

나는 이 부분을 놓치고 있었다. 사랑을 감정이라고만 생각했기 때문이다. 첫눈에 반하듯 마음이 끌리고 기분이 좋고 감정이 뜨거워야 사랑이라고 여겼다. 하지만 성경은 다르게 말한다. 쉐마는 감정의 제안이 아니라 사랑하라는 명령이다. 사랑은 느낌 이전에 순종의 선택이고 그 순종이 쌓일 때 감정도 뒤따르게 된다.

이것은 권유형이 아니다. "무엇보다 뜨겁게 서로 사랑"(벧전 4:8) 하라는 하나님의 명령이다. 그분은 우리가 하지 못할 일을 하라고 명령하시지 않는다. 우리에게는 주님의 명령에 순종할 힘이 있다. 이미 하나님의 사랑이 우리에게 채워져 있지 않은가?

성경에는 하나님의 사랑으로 인생이 새로워진 사람이 많다. 요셉도 그중 한 사람이다. 그는 인생이 완전히 벼랑 끝으로 떨어졌었다. 형들에게 팔려 애굽에서 노예가 되는 절망적인 상황을 성경은 이렇게 기록한다.

여호와께서 요셉과 함께하시므로 … 창 39:2

여호와께서 요셉과 함께하셨다. "함께"라는 말에 주목해보라. 요셉이 발버둥치며 불순종했다면 그 길이 가능했겠는가? 하나님이 요셉과 함께하시어 그가 형통한 자가 되었다는 것은 요셉에게 순종과 사랑의 마음이 있었다는 것이다.

요셉은 두렵고 절망적인 환경에서 하나님을 향한 사랑의 고백을 삶으로 드린 사람이다. 하나님의 사랑이 삶 가운데로 들어오면 요셉처럼 힘들어도 맡겨진 일에 열심을 다하는 힘이 생긴다. 불평하지 않고 완전히 주님께 인생을 맡기게 된다.

내가 주님을 사랑하면 문제가 문제 되지 않는다. 어떤 환경에서도 살아갈 힘이 생긴다. 그러니 내가 할 일은 하나다. 하나님을 사랑하면 된다. 하나님을 사랑하는 것이 최고의 인생길이다.

하나님이 우리에게 사랑을 구걸하시는 게 아니다. 우리 인생의 능력과 힘은 마음을 다하고 뜻을 다하고 힘을 다해 하나님을 사랑할 때 비로소 나오는 것을 아시기에 그것을 명령하신 것이다. 그 사랑에서 나오는 능력은 모든 환경을 뛰어넘게 한다. 내 모든 삶이 감사가 되고, 기쁘고, 행복하게 된다.

말씀, 나를 살리는 영혼의 양식

요즘 신기한 것을 배우고 있다.
완전히 막힌 자리,
더 이상 붙잡을 것이 없는 자리에서 일어나는 법이다.
아무것도 없기 때문에 결국 말씀을 붙잡게 된다.
나는 이것이 기적이라고 느껴진다.

감정은 무너져 있다. 너무 고통스럽다.
생각은 계속 '이제 끝이야. 더는 길이 없어'라고 말한다.

그런데 그때 말씀을 붙잡으면
설명할 수 없는 변화가 일어난다.
상황은 그대로인데, 마음에 막연한 희망이 생긴다.
이게 무엇일까.

나는 이것을 깨닫게 되었다.
생각과 감정에 기대어 버티던 믿음에서

하나님의 말씀을 믿는 믿음으로 넘어가는
첫걸음이라는 사실을.

놀라운 것은, 그 말씀이 점점
'진짜'라는 확신으로 바뀐다는 것이다.

내 앞에 완전히 어두운 터널이 있다.
그 안으로 들어가면 숨이 막히고
모든 것이 끝날 것 같은 두려움이 있다.
재정의 절망, 건강의 절망, 가정의 절망 앞에서
우리가 느끼는 그 죽음의 느낌이다.

그런데 그 터널 안에 불빛 하나가 켜진다.
그리고 이상하게도 '갈 수 있겠다'라는 생각이 들기 시작한다.
바뀐 것은 단 하나다. 말씀을 의지한 것이다.

나는 한 구절의 말씀을 붙잡고
입으로 수백 번, 수천 번 읊조렸다.
그때 알게 되었다. 나의 배고픔이 무엇이었는지.

나는 지금까지 배고픔을 잘못 이해하고 있었다.
돈이 부족해서 배고픈 줄 알았다.
인정받지 못해서 배고픈 줄 알았다.
안정되지 않아서 배고픈 줄 알았다.
그런데 아니었다. 말씀을 먹지 못한 기갈이었다.
그때 이 말씀이 살아서 다가왔다.

누구든지 목마르거든 내게로 와서 마시라
나를 믿는 자는 성경에 이름과 같이
그 배에서 생수의 강이 흘러나오리라 하시니

요 7:37,38

나의 배고픔은 결핍이 아니라
말씀으로 오라는 주님의 초대요 부르심이었다.

그래서 분명히 말할 수 있다.
말씀은 영혼의 양식이다.
한 구절이라도 좋다.
그 말씀을 입으로 반복해서 읊조려 보라.

그때 영혼이 살아나기 시작한다.
삶에 다시 소망이 생기고, 다시 걸어갈 힘이 생긴다.
나는 그 자리에서 기적을 경험했다.

아무것도 할 수 없던 사람이
영상을 만들고, 이렇게 글을 쓰고 있다.
내가 잘해서 된 것이 아니다.
나도 알고 하나님도 아신다.
하나님의 말씀이 여기까지 인도하셨다.

이 글을 여기까지 읽었다면, 그냥 읽은 것이 아니다.
하나님이 동일한 은혜로 당신을 부르고 계신다.
그리고 당신은 지금 마음이 배고픈 사람일 것이다.
그 배고픔을 하나님이 채우시려 한다.

이제 그 걸음을 함께 걸었으면 좋겠다.
말씀을 붙잡는 그 자리에서 기적이 시작된다.
당신이 또 다른 기적의 주인공이 되기를 마음 깊이 기도한다.

너무 배고파서 기도합니다

초판 1쇄 발행　2026년 4월 30일

지은이　　　　장일석

펴낸이　　　　여진구
책임편집　　　최현수 구주은
편집　　　　　이영주 진효지 안수경 김도연 김아진 배예담
책임디자인　　정은혜 | 마영애 노지현 조은혜
마케팅　　　　김상순 강성민　　　　　　마케팅지원　최영배 정나영
제작　　　　　조영석 허병용　　　　　　경영지원　　김혜경 김경희 김영하

303비전성경암송학교 유니게 과정
이슬비전도학교 / 303비전성경암송학교 / 303비전꿈나무장학회

펴낸곳　　　　(주)규장갓피플

주소　06770 서울시 서초구 매헌로 16길 20(양재2동) 규장선교센터
전화　02)578-0003 팩스 02)578-7332
이메일 kyujang0691@gmail.com　　　　홈페이지 www.kyujang.com
페이스북 facebook.com/kyujangbook　　인스타그램 instagram.com/kyujang_com
카카오스토리 story.kakao.com/kyujangbook
등록번호 제2026-000001호
since 1978.08.14

책값　뒤표지에 있습니다.
ISBN　979-11-6504-713-9　03230

규 | 장 | 수 | 칙

1. 기도로 기획하고 기도로 제작한다.
2. 오직 그리스도의 성품을 사모하는 독자가 원하고 필요로 하는 책만을 출판한다.
3. 한 활자 한 문장에 온 정성을 쏟는다.
4. 성실과 정확을 생명으로 삼고 일한다.
5. 긍정적이며 적극적인 신앙과 신행일치에의 안내자의 사명을 다한다.
6. 충고와 조언을 항상 감사로 경청한다.
7. 지상목표는 문서선교에 있다.

하나님을 사랑하는 자 곧 그의 뜻대로 부르심을 입은 자들에게는 모든 것이 合力하여 善을 이루느니라(롬 8:28)

규장은 문서를 통해 복음전파와 신앙교육에 주력하는 국제적 출판사들의
협의체인 복음주의출판협회(E.C.P.A:Evangelical Christian Publishers
Association)의 출판정신에 동참하는 회원(Associate Member)입니다.